CW01371319

Sèvitè Voudou
Guía Práctica de Vudú
Asamod ka

Derechos reservados

Queda prohibida la reproducción total o parcial de este libro por cualquier procedimiento mecánico, fotográfico o electrónico, o en forma de grabación fonográfica, sin la autorización previa por escrito del autor.

Según el artículo 12 del Código de Derechos de Autor y Derechos Conexos, los derechos de autor se reconocen con independencia de su registro, depósito o cualquier otra formalidad.

Número de registro en copyrighted.com: 20FdXThNEw2KEsFp

Si vuelve a publicar, transformar o reproducir este material, no podrá distribuir el material modificado.

Hice la portada yo mismo, utilizando imágenes que compré en Graphic River y de las que poseo los derechos. Número de licencia: e05c8196-4b00-4474-a092-d8ccec8dc6aa

© 2024 ∴ Asamod ka

Índice

Introducción	9 a 10
Historia del vudú	11 a 13
Sincretismo	14 y 15
Panteón de deidades	16 a 19
Origen de los loas	20
Los loas y las ofrendas apropiadas	21
El cuerpo sacerdotal	23 y 24
La iniciación	25 a 27
La constitución del ser humano	28
Componentes del alma	29 a 30
La reencarnación	30
Ritos y linajes (naciones)	32 a 34
Los colores y sus usos	36 y 37
Los loas, colores y días correspondientes	38
Fases de la luna	39
Tipos de peticiones y loas correspondientes	39 y 40
El altar	41 a 45
Ofrendas a los antepasados	42 a 44
Utensilios en el altar	44 y 45
Muñecos vudú	47
Posesión	48 a 49
Rito de autoiniciación	51
Recetas: aceites, esencias, polvos vudú	53 a 60
Poción para maldecir a un enemigo	58
Receta de sal de Papa Legba	60
Polvos vudú	61 a 64
Hechizos	66 a 88
Abrir caminos o cortar una maldición	66
Piedra de rayo para protección	67 a 68
Deshacerse de la mala suerte	69
Influencia de los sueños con gris gris	69
Amarre vudú con Erzulie Freda	70 y 71
Preparar un altar básico	72 y 73
Pedir un favor a los loas	73 y 74
Maldición vudú	75 y 76
Hechizo vudú simple para dominar a alguien	76
Hechizo vudú para destruir al enemigo	77
Influenciar a alguien a distancia	77 a 79
Muñeco vudú - Hechizos	81 a 88
Para el amor ardiente	84
Muñeco para atraer dinero	85
Hechizo de venganza con los Djab	86

Bolsa para embrujar a alguien 87
Mini ataúd para causar la muerte .... 87 y 88
Curiosidades .... 89 y 90
Dibujar los Vevês .... 91 y 104
Vevê de los espíritus Ghède 92
Vevê del Barón Samedi 93
Vevê de Ogoun Ferraille .... 94 y 95
Vevê de Ogou Badagris 96
Vevê de Aizan 97
Vevê de Papa Legba .... 98 y 99
Vêve de Erzulie Freda 100
Mamman Brigitte 101
Damballah 102
Vêve de Carrefour 103
Glosario .... 106 a 114
Bibliografía 115

Introducción

Este libro representa mi decimoquinta obra publicada, habiendo lanzado ya títulos sobre magia gitana, magia del caos, kimbanda, santería, santa muerte, magia sumeria, vampirismo, entre otros sistemas esotéricos. Con veinticinco años de práctica y estudio en el campo del ocultismo, me dedico profundamente a la investigación de las fuentes, cotejándolas para asegurar su coherencia y evitar contradicciones.

Prefiero que mis libros se centren más en la aplicación práctica, proporcionando al lector herramientas tangibles. Este manual de vudú, por supuesto, no pretende servir de guía para la iniciación formal en el vudú, un proceso que requiere más de siete años de práctica intensiva y el acompañamiento presencial de un hougan o una mambo. Sin embargo, permitirá al lector desarrollar una conexión con los loas, montar su propio altar y realizar diversos rituales.

Además, en este manual presento rituales prácticos para quienes deseen seguir el camino del brujo o bokor, así como recetas detalladas de polvos y aceites poderosos para uso ritual.

Al noventa por ciento de mis lectores les gusta hacer hechizos fuertes y prácticos para vencer adversarios, ahuyentar rivales, atraer el sexo y el amor, abrir caminos. Este libro sigue esa línea.

Existen varias vertientes del vudú, como el original y ortodoxo vudú haitiano, el más práctico e informal vudú deka, el hoodoo estadounidense de Luisiana, el vudú gnóstico, una corriente más reciente, entre otros estilos.

Este libro se centra en el vudú haitiano en una forma menos ortodoxa, conocida como vudú **Deka**. El sistema Deka es una tradición distinta del vudú haitiano, caracterizada por una práctica más flexible y un mayor énfasis en la autonomía del practicante. Permite al sèvitè un enfoque menos institucionalizado, ofreciéndole la libertad de practicar de forma independiente y adaptada a sus circunstancias. Así que puede practicarlo donde quiera.

El vudú deka no sigue estrictamente los rituales y jerarquías más formales presentes en el vudú ortodoxo. En este sistema, el lector tiene mayor libertad para realizar rituales según su comprensión personal y espiritual, sin necesidad de recurrir siempre a sacerdotes (hougans) o sacerdotisas (mambos) para mediar en la relación con los loas.

Los rituales del vudú deka son más informales y personalizados, más centrados en las necesidades personales, con más énfasis en la interacción directa con los loas sin depender de una estructura jerárquica.

¿Por qué elegí el título "Sèvitè Voudou"?

Sèvitè Voudou se traduce más directamente como "practicante de vudú" o "devoto del vudú", pero sin estar realmente iniciado, en otras palabras, eres tú, lector.

Una verdadera iniciación al vudú requiere varios años de práctica y la guía directa de un hougan o mambo. No es posible iniciarse en el vudú únicamente a través de un libro.
Sin embargo, el lector puede convertirse en un practicante, un sèvitè, estableciendo una conexión con los loas.

Historia del Vudú

El vudú es una religión tradicional africana de gran complejidad, con fuertes elementos animistas. El sincretismo con el catolicismo surgió más tarde en Haití, durante el periodo colonial.

Este sistema religioso puede escribirse "vodou" o "vodun", siendo "vodun" la forma utilizada en la lengua fon, hablada por los pueblos de la región nigerino-congoleña. Sus raíces se encuentran principalmente entre los pueblos Jeje-Fon de Benín, donde aún hoy cuenta con 7 millones de adeptos.

En África Occidental, sobre todo en Benín, "Vodun" es el nombre tradicional de esta práctica religiosa, mientras que las formas "vodou" o "vodou" se refieren a las variaciones desarrolladas en Haití y Nueva Orleans. El vudú haitiano también se conoce como "Sèvis Gine", o "Servicio de Guinea".

Las tribus de África Occidental compartían creencias fundamentales similares, lo que facilitó que las etnias vecinas adaptaran sus religiones. Estas creencias constituyen la base del vudú haitiano. La religión Fon, una de las más antiguas de África con más de 6000 años de antigüedad, fue la que más influyó en el desarrollo del vudú.

Además de la tradición Fon, también conocida como tradición Dahomey, que sigue practicándose en África, surgieron variaciones de esta fe en el continente americano durante el periodo de la trata transatlántica de esclavos (siglos XVI a XIX). Estas variantes incluyen el candomblé en Brasil, el tambor de mina en Maranhão, el vudú haitiano, la santería en Cuba y el vudú de Luisiana en Estados Unidos, todas ellas aún vivas en la actualidad. Sin embargo, la santería en Cuba es un culto distinto, siendo "La Regla de Arará" la tradición que tiene sus orígenes en el vudú.
"La Regla Arará" es una práctica religiosa afrocubana con raíces en las religiones de los pueblos Arará de África Occidental, un grupo étnico que incluye grupos de la actual región de Benín y Togo.

Aunque a menudo se malinterpreta y sensacionaliza, el vudú es una práctica espiritual rica, fluida y sincrética que busca la conexión con lo divino y la armonía con el mundo natural y ancestral.

El vudú desempeñó un papel fundamental en la independencia de Haití.

Los esclavos utilizaron el vudú como forma de resistencia contra los colonos franceses, bajo el liderazgo del sacerdote Dutty Boukman, que dirigió la famosa ceremonia de Bwa Kayiman en 1791. Durante este ritual se selló un pacto espiritual, invocando a los loas para ganar fuerza y iniciar la Revolución Haitiana, que dio comienzo a la lucha por la independencia de Haití.

Siguiendo con el sincretismo, el vudú también incorporó a los vevés algunos símbolos masónicos (como la escuadra y el compás). En aquella época había varias logias masónicas en Haití, y algunos loas se sincretizaron con santos católicos y figuras veneradas por la masonería. Por ejemplo, Ogou se asociaba con Santiago el Mayor (Saint Jacques Majeur), una figura también importante en la tradición masónica. Mientras que los masones se refieren a Dios como el "Gran Arquitecto del Universo" y el título más alto en la masonería es el de Gran Maestro, en el vudú, Bondyé (Dios) se llama " Gran Maître".

La masonería tuvo algo que ver en la Revolución haitiana: algunos de sus líderes, como Toussaint Louverture y Jean-Jacques Dessalines, eran masones.

Varios masones se interesaron también por participar en ritos vudú.

Vudú haitiano

El vudú haitiano es una de las expresiones más reconocibles de esta religión. Es el resultado de la fusión de tradiciones del África Occidental, en particular de los pueblos fon y yoruba, con elementos del catolicismo introducidos por los colonizadores franceses. Los practicantes del vudú haitiano creen en un Dios supremo, Bondyè (Dios Bueno), que delega sus responsabilidades en espíritus intermediarios llamados loas. Los rituales incluyen cantos, danzas, sacrificios y la incorporación de los loa, que guían a los devotos en diversos ámbitos de la vida. Estos espíritus también se conocen como "misterios" o "santos".

Se cree que Dios, Le Gran Maître, es demasiado alto para ocuparse de asuntos mundanos como la vida terrenal, pero ha dejado a los loas como intermediarios entre lo divino y los humanos.

Vudú de Nueva Orleans

El vudú de Nueva Orleans, en el estado de Luisiana, se desarrolló en comunidades locales de ascendencia africana, dando lugar a una fusión de prácticas africanas, indígenas y cristianas. Aunque comparte similitudes con el vudú haitiano, como la creencia en espíritus y el uso de objetos rituales, se distingue por su sincretismo con tradiciones francesas y españolas, así como por la fuerte influencia de figuras legendarias, como la famosa reina del vudú,

Marie Laveau. En Nueva Orleans se hace especial énfasis en el uso de amuletos conocidos como gris-gris y en la práctica de hechizos individuales.

Vudú del Caribe

El vudú también está presente en otras regiones del Caribe, como Cuba y la República Dominicana, donde se mezcla con otras religiones afrodescendientes como la santería y el candomblé. Estos sistemas de creencias comparten muchos elementos con el vudú, como la adoración de orishas y espíritus, pero cada tradición tiene sus propias particularidades culturales y rituales.

Diferencia entre vudú y hudú

Es importante distinguir el vudú del hudú, que es una práctica mágica afroamericana basada en las tradiciones africanas, pero sin la estructura religiosa del vudú. El hoodoo se centra más en prácticas de magia popular y brujería, a menudo con fines de protección, curación o suerte, mientras que el vudú es una religión organizada con ceremonias, sacerdotes y una elaborada cosmología espiritual.

Sigilos rayados, Vevé.

Los vevés son símbolos sagrados utilizados en el vudú haitiano, similares a los puntos rayados de la kimbanda. Cada vevé representa a un loa específico y se dibuja en el suelo durante las ceremonias para invocar u honrar a estas entidades espirituales. Creados con materiales como harina, ceniza o polvo, los vevés funcionan como portales que enlazan el mundo espiritual con el físico, facilitando la comunicación y la presencia de los loas en los rituales. Para los loas de la línea Rada (línea blanca), los vevés se dibujan con harina de maíz blanca, mientras que para los ritos con loas de la línea Petro (línea negra), suelen dibujarse con carbón o sal mezclados con ceniza oscura. En algunos casos, se utiliza un polvo rojo hecho de guindillas o polvo de ladrillo, así como pemba roja.

Sincretismo

El sincretismo en el vudú se produjo debido al predominio del catolicismo durante el periodo colonial, cuando Haití era colonia francesa. Este proceso permitió que el vudú sobreviviera y siguiera practicándose, incluso bajo una fuerte presión social y religiosa, adaptándose al entorno cultural sin perder su esencia espiritual. Esta estrategia facilitó la integración de la religión vudú en sociedades cristianas como Haití y Estados Unidos.

En el contexto de la esclavitud, donde la práctica de las religiones africanas solía estar prohibida o reprimida, los esclavos encontraron una forma de preservar sus tradiciones espirituales asociando loas (entidades espirituales del vudú) con santos católicos. De este modo, seguían venerando a sus deidades tradicionales, ocultándolas bajo la iconografía y los nombres de santos católicos.

Ejemplos:

Bondyè, el Dios supremo del vudú haitiano, está asociado al Dios cristiano.

El loa **Ogoun**, espíritu de la guerra y del hierro, ha sido sincretizado con San Jorge, conocido por su relación con la batalla, o incluso con Santiago ("Mayor").

Erzulie Freda, el espíritu del amor, se asocia con Nuestra Señora de la Concepción. Erzulie Dantor se sincretiza con Nuestra Señora del Carmen o la Virgen María.

Damballah se identifica con San Pedro o San Patricio.

Estas asociaciones sincréticas pueden variar en función de la tradición vudú o de las fuentes (libros).

Vudú en EE.UU.

En Estados Unidos, sobre todo en Nueva Orleans, el vudú se sincretizó con el catolicismo debido a la influencia francesa y española en la región. Con el tiempo, la religión evolucionó hacia lo que conocemos como vudú de Nueva Orleans, incorporando elementos del cristianismo pero manteniendo intactas sus raíces africanas.

El vudú adquirió gran notoriedad a través del cine, sobre todo por la representación de muñecos utilizados para maldecir a la gente y la creación de zombis humanos. Sin embargo, el uso original de los muñecos era muy distinto: servían como réplicas simbólicas de pacientes y se utilizaban en rituales de curación.

En cuanto a los zombis, hay una explicación más racional: se cree que eran personas drogadas con un polvo que contenía toxinas alucinógenas, como la tetrodotoxina, extraída de peces como el fugu, que inducían un estado similar a la muerte.

Como cualquier tradición espiritual, el vudú puede utilizarse tanto con fines benéficos como maléficos. Al igual que la Cábala tiene un lado oscuro y la Umbanda su equivalente del camino de la mano izquierda (Kimbanda), el vudú también puede aplicarse para el mal.

Con el declive del dominio colonial, el vudú experimentó una evolución que lo consolidó como religión nacional de Haití, a pesar de que el catolicismo seguía siendo oficialmente predominante. El vudú se ha convertido en un símbolo esencial de la cultura y la identidad única de la población rural haitiana, reflejo de sus tradiciones y especificidades culturales.

Panteón de Deidades

En el vudú, sobre todo en el haitiano, las deidades se llaman loas (o lwas). Estos espíritus actúan como intermediarios entre el Dios supremo y la humanidad, y son responsables de diversos ámbitos de la vida. Aunque no existe una jerarquía rígida y universalmente establecida, algunas deidades se consideran más importantes o son más veneradas. A continuación se presenta una jerarquía básica, organizada por las deidades más relevantes:

Bondyè:

Bondyè es el Dios supremo y creador del universo, equivalente al Dios de la tradición cristiana. Su nombre deriva de "Bon Dieu" (Buen Dios). Considerado como trascendente y distante, Bondyè no es directamente accesible a los humanos. Por eso, los practicantes de vudú se comunican con él a través de los loas, que actúan como intermediarios espirituales.

Papa Legba:

Legba es uno de los loas más importantes del vudú y desempeña el papel de guardián de los portales espirituales. Es el intermediario entre los humanos y el mundo de los espíritus, incluidos otros loas y Bondyè. Legba corresponde al concepto de Eshú en Kimbanda y a Elleguá o Legba de los Nagós. Sin su permiso, no se puede invocar a ningún otro loa, lo que le convierte en una figura central en todos los rituales. Legba también tiene un aspecto más agresivo y oscuro, conocido como Legba Anti-Bon o Atibon.

Barón Samedi:

El Barón Samedi es el loa de la muerte, los cementerios y la resurrección. Dirige a los ghede o guède (espíritus de los muertos) y tiene poder sobre la vida y la muerte. Aunque su imagen se asocia a menudo con el lado oscuro, el Barón Samedi también se considera una figura protectora, que evita las muertes prematuras y guía a las almas en el camino hacia el más allá. Su nombre está directamente relacionado con el "sábado" ("samedi" en francés), día tradicionalmente asociado a rituales y cultos a los muertos en diversas culturas, incluida la cristiana, donde el sábado se considera el Sabbat, día de descanso y reflexión espiritual.

Erzulie (Ezili)

Erzulie es la loa del amor, la belleza y la fertilidad. Existen diferentes aspectos de Erzulie, como Erzulie Freda, que representa el amor romántico y la sensualidad, y Erzulie Dantor, que simboliza la protección y el amor maternal. La Erzulie Freda, en particular, se asocia con la elegancia y la abundancia, y es uno de los lotos más venerados. Erzulie Dantor es la esposa de Ogoun Feray.

Ogoun

Ogoun es el loa de la guerra, el hierro, la tecnología y la política, conocido por su fuerza y valentía. Se le suele invocar en tiempos de combate o para lograr el éxito en empresas que requieren poder y liderazgo. Ogoun tiene varios aspectos o manifestaciones dentro de su falange. Uno de estos aspectos es Ogou Feray, asociado a la fuerza militar y la guerra, al que se invoca para que proteja en las batallas y aporte valor y determinación. Otro aspecto es Ogou Badagris, de naturaleza más agresiva y vinculado a la destrucción de los enemigos. Badagri (o Agbadarigi) es una ciudad de Nigeria. Por último, Ogou Achade es un guerrero más diplomático, a menudo invocado para las negociaciones y el liderazgo.

Damballah

Damballah es el loa de la sabiduría y la creación, simbolizado por una serpiente, que representa la pureza, el conocimiento, la fertilidad y la renovación. Es una de las entidades más antiguas y veneradas, asociada a la vida, la prosperidad y la armonía. En el rito de Rada, Damballah se reproduce por cisiparidad, manifestándose como Damballah Wedo en su forma masculina y como Ayda Wedo en su forma femenina. En el sistema Petro, adopta la forma de Damballah Flambeau, una entidad andrógina cuyo principal atributo es la omnisciencia.

Ayida Wedo

Ayida Wedo es la consorte de Damballah y está asociada con el arco íris, el agua y la fertilidad. Juntos, Damballah y Ayida Wedo representan la continuidad y la armonía cósmica. Wedo era el nombre de la ciudad de Ouhdeh, situada en la región del antiguo reino de Dahomey (actual Benín).

Grand Bois:
Un loa de la naturaleza, asociado directamente con los bosques, la vegetación densa y las fuerzas salvajes de la tierra. El nombre "Grand Bois" significa "Gran Bosque" en francés.

Simbi

Simbi, o Sim'bi, es un loa del agua, la magia y el conocimiento oculto en el Congo. Se le suele relacionar con la sabiduría mística y la comunicación, siendo el protector de los curanderos y las prácticas espirituales vinculadas a la naturaleza. En algunas tradiciones haitianas, también se les puede invocar para hechizos negativos. A veces podemos referirnos a los loas en plural, porque muchos nombres de loa son en realidad falanges, que gobiernan a cientos de espíritus que pueden manifestarse en su nombre. Por ejemplo; Simbi Makaya es un gran hechicero, y servía especialmente en las Sanpwel, sociedades secretas. Simbi Anpaka es un loa de las plantas, las hojas y los venenos.

Agwé

Agwé es el loa del mar y de todo lo relacionado con la navegación y la vida acuática. Es invocado por pescadores y marineros, y también se encarga de proteger los viajes por mar.

Guede o Ghède

Ghède es una categoría de loas vinculada a los muertos y al inframundo. Además del Barón Samedi, otros loas guède, como Ghèdes Nibo, cuidan de los espíritus de los muertos y son responsables de la transición entre la vida y la muerte. A menudo se les representa de forma festiva e irreverente. Se puede invocar a los ghède para cualquier cosa, hechizos contra los enemigos, adivinación, y también para la magia vinculada al erotismo.

Otros loas importantes

Marasa: Loas gemelos asociados a la infancia y a la dualidad.

Maman Brigitte: esposa del barón Samedi, también vinculada a los muertos y al cementerio, pero con un origen fuertemente sincretizado con Santa Brígida del cristianismo.

En el panteón vudú (al igual que los Orishás son fuerzas de la naturaleza en Umbanda y Candomblé) hay deidades que simbolizan fuerzas de los elementos. Por ejemplo:

Simbi, dios de la salud y guardián de fuentes y mares.
Águé-taroyo, dios del mar, de piel pálida y ojos azules, domina todo lo relacionado con el mar, incluidos los agentes naturales.
El loco Attiso, llamado Docteur Feuilles (Doctor Hojas) es el protector de los curanderos; dios sabio, conoce todas las propiedades curativas de las plantas. Otras figuras son: **Sobo**, dios del rayo; **Bade**, dios del viento; **Agaú Tonne**, dios de las tormentas y los truenos.

"Konnen lwa o anvan o fè rituèl yo."

(Conoce a tu loa antes de realizar los rituales).

Origen de los Loas:

En el vudú haitiano, los loas son diversos e incluyen tanto espíritus de antepasados humanos como entidades sobrenaturales de origen no humano.

Espíritus ancestrales:

Espíritus ancestrales (antepassados): algunos loas están asociados a antepasados familiares (zansèt yo) o a comunidades concretas. Son espíritus de personas que han vivido y fallecido, y cuyas almas actúan ahora como guías y protectores de los vivos. Pueden haber sido esclavos o miembros de comunidades africanas antes de su muerte.

Espíritus sobrenaturales: otros loas son considerados espíritus que nunca fueron humanos. Estos espíritus tienen orígenes más mitológicos y están asociados a aspectos de la naturaleza, como ríos, árboles o fuerzas cósmicas. Desempeñan papeles específicos y tienen atributos que no están directamente relacionados con vidas humanas pasadas.

Estos son solo algunos de los principales loas venerados en el vudú, y su importancia puede variar según la región, el linaje espiritual y las necesidades de los practicantes. Cada loa tiene características únicas y actúa en ámbitos específicos, conformando una cosmología vasta y rica.

Los loas están representados en los templos vudú (hounfort) por banderas hechas de lentejuelas y cuentas (drapo sèvis). La mayoría de los templos tienen al menos dos drapo sèvis: uno que simboliza la congregación (ounfo) y otro que representa al loa al que rinden culto. Durante los rituales, estas banderas no solo enfatizan la belleza trascendente de los loa, sino también la fuerza y el poder de la presencia activa de las deidades dentro del ounfo. Por este motivo, las banderas se consideran uno de los instrumentos rituales más sagrados y valiosos.

Loas y las ofrendas apropiadas

Para su información, he compartido algunas sugerencias de ofrendas (incluidos animales) para los loas. No obstante, comprueba si en su país, ciudad o región es ilegal matar animales para el consumo. Si es así, puede optar por ofrendas más sencillas, como fruta, platos cocinados, puros y bebidas alcohólicas.

Loa	Ofrendas
Agwé	Pescado, marisco, gambas, ron, monedas de plata, conchas, coco, flores blancas. Velas blancas y azules.
Azaka	Maíz, pan, arroz, frijoles, inhame. Velas azules y rojas.
Baron Samedi	Pollo negro, cabra negra, ron con pimienta, cacahuetes tostados, puros (encendidos), carne picante, monedas, caña de azúcar. Velas moradas y negras.
Danballa e Ayida-Wedo	Huevos (cocidos), pollo negro, arroz, leche, cerdo asado, agua de manantial, papilla de maíz, miel, flores blancas. Velas blancas.
Erzulie Dantor, e Erzulie Freda	Paloma blanca, arroz, albóndigas dulces, cerdo asado, cigarritos, ron, monedas de plata, cuchillos. Velas azules-claras o velas rosas.
Espíritos Ghède	Gallo negro, cabra negra, comida picante, café en taza, ron, puros, galletas. Velas negras y moradas.
Maman Brigitte	Gallina negra, ron con pimienta, café en taza, cigarritos, cerveza negra, lirios blancos. Velas blancas y moradas.
Ogoun	Arroz con frijoles rojos, gallo rojo, carne de cordero, ron, maíz, cigarros encendidos, cuchillos. Velas rojas o blancas.
Papa Legba	Gallina asada, carne ahumada, arroz, inhame, ron, caña de azúcar, café en taza. Velas rojas o blancas.

Básicamente a todos los loas les gusta el **ron**, los puros deben ofrecerse encendidos (para las loas femeninas son cigarritos).
No ofrezcas **café** en grano, ofrece café en taza.

Las ofrendas pueden colocarse en el altar o en un "vevé" del loa, dibujado en el suelo. Entraré en más detalles sobre los vevés en un capítulo posterior.

El cuerpo sacerdotal:

Sacerdotes: en el vudú haitiano, el sacerdote masculino se llama hougan, mientras que la sacerdotisa femenina recibe el nombre de mambo. Ambos desempeñan un papel importante como líderes espirituales e intermediarios entre los humanos y los loas. En una posición jerárquica superior se encuentran el papaloi (o papaloa), cuya función es similar a la de un obispo, y la gran sacerdotisa, mamaloi (o mamaloa).

Papel importante: en el vudú, el hougan (sacerdote) y la mambo (sacerdotisa) no son solo "lanzadores de hechizos", sino que también actúan como sanadores espirituales de la comunidad. Velan por la salud mental y emocional de los practicantes, utilizando rituales, hierbas y la conexión con los loas para equilibrar cuerpo, mente y espíritu. Estos líderes espirituales guían y curan, abordando traumas, ansiedades y conflictos internos, proporcionando una forma de terapia colectiva e individual, en armonía con las creencias ancestrales y espirituales.

Además del hougan y el mambo, existen otras funciones y jerarquías asociadas a los practicantes. He aquí algunos de los principales términos:

Hounsi: son los iniciados, hombres y mujeres, que sirven a los loas. Están por debajo del hougan o mambo en la jerarquía y ayudan en los rituales, además de formar parte del coro. Hay distintos niveles de hounsis, y pueden progresar con el tiempo y la experiencia. Tras la iniciación, el hounsi puede participar más activamente en los rituales, como miembro del coro de canto, por ejemplo. El término "hounsi" significa "marido" o "mujer" de los loas.

Bokor: practicante de vudú que tiene la capacidad de trabajar tanto con magia "buena" como con magia "mala". El bokor (o bocor) suele estar asociado a la magia más "práctica", como la creación de amuletos (gris gris), y también puede ser un hougan o un mambo. El bokor posee una amplia gama de habilidades; además de hechicero, también es curandero (docteur feuille), con un profundo conocimiento de los secretos medicinales de las plantas haitianas. Sin embargo, a menudo se le asocia con objetos o fetiches llamados ouanga (wanga), que suelen utilizarse para causar daño. Wanga no es solo un fetiche o amuleto, sino una amplia gama de prácticas mágicas.

Hay que tener en cuenta que el término "bokor" es un tanto peyorativo en el **vudú ortodoxo**, ya que suelen utilizarlo para referirse a las "brujas" del vudú makaya.

Sèvitè: término más general para designar a los que sirven a los loas. Puede referirse a cualquier practicante de vudú, independientemente de su nivel jerárquico, incluidos los que aún no han sido iniciados.

Kanzo: El proceso de iniciación en el vudú se conoce como "kanzo". Durante este proceso, los iniciados pasan por varias etapas para convertirse en hounsis, hougan o mambo. El kanzo se divide en tres niveles principales:

Hounsi kanzo: el nivel más bajo de los iniciados, responsables de tareas como bailar y cantar en los rituales.

Sèvitè kanzo: un nivel intermedio, que implica más responsabilidades espirituales.

Asògwe: el nivel más alto de iniciación alcanzado por un hougan o mambo. Un hougan asògwe o un mambo asògwe tiene el poder de iniciar a otros en el vudú.

Empereur o La-Place: El maestro de ceremonias durante los rituales es el responsable de organizar el espacio y asegurarse de que los rituales se llevan a cabo correctamente. Desempeña un papel clave junto al hougan o mambo, iniciando las ceremonias y saludando a las loas.

Confiance: administrador del templo.

Kòkò: los consejeros espirituales o ancianos de la comunidad que, aunque no son sacerdotes, tienen un gran conocimiento de las tradiciones y los rituales.

La iniciación:

Existen tres niveles de iniciación en el vudú ortodoxo, que se alcanzan secuencialmente a medida que el individuo profundiza en sus conocimientos y en su estancia en la comunidad vuduista. Todos los niveles de iniciación están abiertos tanto a hombres como a mujeres.

Vudunista o vuduista es el término utilizado para designar a una persona no iniciada que participa en ceremonias, recibe consejos y tratamientos medicinales del hougan o mambo y participa en actividades relacionadas con el vudú.

Se considera **hounsi bossale** a una persona no iniciada que está vinculada a un peristilo concreto, asiste regularmente a las ceremonias y parece estar preparándose para la iniciación. El término "hounsi", procedente de la lengua fon de los dahomey, significa "novia del espíritu", aunque en Haití se utiliza tanto para hombres como para mujeres. Bossale significa "salvaje" o "indomable", en el sentido de caballo salvaje. En otro contexto, "bossale" también puede referirse a los espíritus loas que se consideran no deseados o problemáticos.

Primer grado:

El primer grado de iniciación confiere el título de hounsi kanzo. La palabra kanzo, originaria de la lengua fon, significa "fuego", y la ceremonia del fuego, también llamada Kanzo, da nombre a todo el ciclo de iniciación. Quienes pasan por el kanzo pueden compararse a las personas que han sido bautizadas en la tradición cristiana.

Durante una ceremonia vudú, los hounsi kanzo visten de blanco, forman el coro y suelen ser los principales candidatos a ser poseídos por los loas por primera vez. El ritual puede durar hasta una semana. Incluye el lavado de cabeza, conocido como "laver tête". Tras la ceremonia del "laver tête", se llevan banderas de lentejuelas y jarrones govis a la sala del "djévo", se dibujan vévés en el suelo y se sacrifican palomas y pollos.
Los iniciados se tumban en esteras cerca del signo de su espíritu guardián particular. En ese momento, cada iniciado es poseído por su loa guardián (Maît-tête, Maestro de la Cabeza). Ahora el iniciado, con el loa animando su cuerpo, es por fin libre para comer tras el largo ayuno, y a menudo se atiborra de la carne del sacrificio animal.

Segundo grado:

El segundo grado de iniciación se conoce como "si puen", derivado del francés "sur point", que significa "en el punto" o "sobre el punto". Este término hace referencia al hecho de que el iniciado pasa por ceremonias específicas, siendo apadrinado por un loa específico. A partir de ese momento, el individuo es reconocido como hougan o mambo y adquiere el derecho a utilizar el "asson", un sonajero sagrado que simboliza su sacerdocio.

Los que alcanzan el rango de "si puen" pueden compararse a los pastores de las tradiciones cristianas. Durante las ceremonias, se encargan de dirigir las oraciones, los cantos y los rituales, y a menudo son elegidos para la posesión por los loa. Una vez iniciados como "sur point", tienen el poder de llevar a cabo tanto las iniciaciones hounsi kanzo como las "si puen".

Tercer grado:

El tercer y más alto nivel de iniciación es el "asogwé". Los "asogwé" hougans y mambos pueden compararse a los obispos en las tradiciones cristianas, ya que tienen autoridad para consagrar a nuevos sacerdotes. Los que alcanzan el nivel de "asogwe" pueden iniciar a otros a los niveles de "kanzo", "si puen" y "asogwe".

Durante una ceremonia, el "asogwé" es la autoridad suprema en los procedimientos rituales, a menos que un loa se manifieste a través de la posesión, momento en el que el loa toma el relevo. Además, se consulta al asogwe como último recurso cuando se requiere la presencia de un loa específico. Se dice que un asogwe "tiene el asson", refiriéndose al poder de conferir el "asson" a otro iniciado, elevando así a este último al grado de "asogwé".

Incluso un hougan o mambo asogwe debe respetar la autoridad de quienes le iniciaron, así como la de los asogwe que fueron iniciados antes que él. Además, debe someterse a la opinión del hougan o mambo que inició a su propio iniciador, y así sucesivamente, manteniendo una cadena de respeto y jerarquía que se remonta a sus predecesores.

Sacrificios de animales

Aunque socialmente el sacrificio de animales pueda parecer horrible, en el campo es habitual que la gente críe animales para alimentarse. Hay que tener en cuenta que Haití está formado por un extenso campo, donde la gente cría animales para alimentarse. Así que el acto de matar a un animal para alimentarse es normal para esta gente. Además, la pobreza en Haití es alta, no todo el mundo tiene acceso a la carne y las ceremonias vudú son una de las pocas oportunidades de comer algo de carne cocinada (después de los rituales).

La constitución del ser humano

El concepto de ser humano (cuerpo, cuerpos sutiles y alma) es un poco complejo, así que vayamos por partes:

En el vudú, se considera que el ser humano está formado por cinco partes:

Corps cadavre (cuerpo físico)

N'âme (energía vital, prana, o chi)

Z'etoile (estrella personal, o destino)

Gros bon ange (alma espiritual)

Ti bon ange (alma, en el sentido de carisma, personalidad)

Corps Cadavre se refiere al cuerpo perecedero. N'âme es la energía vital que permite al cuerpo funcionar durante la vida, equivalente al chi oriental. Z'etoile se refiere a la estrella del destino de un individuo, es el yo futuro hacia el que todos viajamos. Gros bon ange (literalmente "gran ángel bueno") y Ti bon ange ("pequeño ángel bueno") constituyen, por así decirlo, el alma del individuo.

Gros bon ange entra en el ser humano durante la gestación y representa una porción de energía universal, la condición de conciencia que poseen todos los humanos. Por el contrario, ti bon ange es el alma o esencia individual que se desarrolla a lo largo de la vida, conformando la personalidad de cada persona. Es esta "pequeña alma" la que viaja fuera del cuerpo durante los sueños y también cuando el cuerpo es poseído por un loa.

La propia alma humana

En el sistema vudú haitiano, el alma completa se compone de varias partes, cada una con funciones específicas. He aquí los principales componentes:

Componentes del alma:

Gros-Bon-Ange (o Gran Ángel Bueno)**:**

Descripción: representa la esencia espiritual pura y sagrada de una persona. Actúa como guía espiritual y protector, manteniendo la conexión con el mundo espiritual.

Función: proteger el alma y guiar espiritualmente a la persona.

Petit-Bon-Ange (o **Pequeño** Ángel Bueno)**:**

Descripción: representa la parte individual y personal del alma, que está más conectada con las experiencias cotidianas y el yo egoico.

Función: se relaciona con la vida cotidiana, las emociones y el comportamiento personal.

Ti-Bon-Ange (o Angelito Bueno):

Descripción: otro aspecto del alma que se asocia con la personalidad y el yo más íntimo.

Función: influye en las características personales y en la forma en la que una persona interactúa con el mundo.

Nanan-Bouclou:

Descripción: representa la parte del alma relacionada con los antepasados y los espíritus familiares.

Función: mantener el vínculo con los antepasados y la tradición familiar.

Resumen completo del alma:

Gros-Bon-Ange: La esencia espiritual y sagrada, guía y protectora.

Petit-Bon-Ange: La parte personal y emocional del alma, relacionada con la vida cotidiana.

Ti-Bon-Ange: Influye en la personalidad y el yo interior.

Nanan-Bouclou: Conecta con la ascendencia y los espíritus familiares.

También existe un concepto trascendental (externo al alma humana) que es la estrella que guía al individuo o su destino (Z'étoile), "La Estrella".

La reencarnación:

El vudú sugiere que el alma (Gros bon ange) puede reencarnarse en nuevos cuerpos a lo largo del tiempo, pero existe la creencia de que el alma solo puede reencarnarse hasta 16 veces. Tras estas reencarnaciones, el alma se libera y regresa al cosmos, fusionándose con las fuerzas primordiales o el todo cósmico, perdiendo su individualidad.
Este ciclo de reencarnaciones sirve como forma de purificación y aprendizaje espiritual, hasta que el alma se reintegra definitivamente en el universo.

Ritos y linajes (Naciones)

El vudú abarca varios rituales, no solo uno, como podría suponerse. Originalmente, cada rito se asociaba a una comunidad africana específica, que era llevada a Haití. Sin embargo, al igual que las distintas etnias se fusionaron, los dioses y los rituales también se sincretizaron.

El rito más prestigioso del vudú haitiano es el **Rada** o Arada, originario de Dahomey. Este estilo es el del **vudú ortodoxo**.
Los ritos Nagó (yoruba) e Ibó, procedentes de Guinea, acabaron integrándose casi por completo en el rito Rada. En cambio, el rito **Petro**, de origen congoleño, se ha mantenido más diferenciado, aunque se ha mezclado con otros rituales procedentes del Congo y Angola. Este estilo se practica en **Vudú Makaya**.

Rito Rada / Vudú ortodoxo positivo:

Origen: Procedente de Dahomey (actual Benín), es el rito más antiguo y prestigioso del vudú haitiano. El nombre deriva de Arada, una divinidad dahomea con orígenes en el Golfo de Guinea. Arada es también el nombre de una ciudad de Guinea, considerada una tierra mítica.

Se centra en alabanzas benévolas y ancestrales, asociadas a aspectos de equilibrio, armonía y buenas energías. Las ceremonias de rada suelen ser más tranquilas y formales, con danzas y música que enfatizan la serenidad. Los rituales incluyen ofrendas de comida y bebida, como pan, fruta y zumos.

Ejemplos de loas Rada: Damballah, Ayida Wedo, Papa Legba, Agwé, Erzulie.

Entorno: los rituales de rada tienen lugar en templos, conocidos como hounforts, o al aire libre, en espacios especialmente dedicados a distintas ceremonias, incluidas capillas dedicadas a las deidades. El elemento asociado a estos loas es el agua. Este rito incorpora elementos que proceden directamente del cristianismo y de la magia blanca.

Una ceremonia de Rada puede celebrarse en un templo conocido como hounfort o al aire libre. El sábado es el día preferido por los fieles para las celebraciones, que pueden tener lugar tanto de día como de noche. A la entrada del templo hay mesas con alimentos variados, como pan, pescado, aves, fruta, refrescos y golosinas, que permiten a los participantes comprar lo que deseen.

El hounfort (también llamado hounfò, hounfor o houmfor) es esencialmente un cobertizo con compartimentos especiales conocidos como peristilos, que se apoyan en columnas. La columna central, por la que suben y bajan las loas, se llama "poteau-mitan" o "mitain" y está ricamente ornamentada. Puede ser un pilar cilíndrico de cemento o madera situado en el centro del templo. Se dice que Papa Legba es quien vigila este pilar poteau-mitain. Cada peristilo está decorado con el escudo de armas de la república y la efigie del presidente, y está dedicado a diferentes tipos de rituales. Alrededor del poteau-mitain se dibujan símbolos vevês en el suelo.

Rito Petro (o Petwo) / Vudú Makaya:

Origen: Originario de la región del Congo y Angola.

Se asocia con loas más enérgicos y a veces agresivos, que pueden ocuparse de asuntos más urgentes y conflictivos.

Los rituales Petro suelen ser más intensos y concurridos, con danzas y cánticos que evocan una energía más poderosa y dinámica. El ritmo del Petro loa se toca con "tanbou fey", tambores con un aro de cuerda que sujeta el cuero estirado sobre el parche del tambor. El rito Petro puede incluir elementos de protección y defensa, lo que refleja la naturaleza más combativa de los loas Petro.

Ejemplos de loas Petro: Barón Samedi, Barón Cimerere (Señor del cementerio), Ogoun, Ghède, Brigitte, Carrefour, Marinette, Erzulie Dantor (de quien se dice que también tiene un lado oscuro). Carrefour (o Kafou) es un loa importante, asociado a aspectos de poder y transformación, tanto material como espiritual. El nombre "Carrefour" significa "cruce de caminos" o "encrucijada" en francés, lo que refleja la función de esta entidad en las encrucijadas espirituales y físicas.

Entorno: ritos que también se celebran en hounforts, pero con un ambiente más dinámico y vibrante que el de los Rada. El elemento asociado a estos loas es el fuego. Son loas rudos y violentos que pueden hacer tanto el bien como el mal. El color típico del rito Petro es el rojo, en alusión al fuego y la sangre utilizados en los sacrificios.

El término "Petro" tiene su origen en un hougan negro llamado Don Pedro, que emigró a Santo Domingo en el siglo XVIII. También está relacionado con el culto a la serpiente "Dan", que se asociaba al nombre "Petro".

En el vudú se cree en el dualismo, donde las dos polaridades bien y mal, luz y oscuridad se complementan para mantener el equilibrio cósmico. Muchos loas tienen un lado positivo y otro negativo, y uno no puede existir sin el otro. Por esta razón, tanto Rada como loas Petro reciben el mismo culto.

El vudú ortodoxo, también conocido como vudú tradicional o vudú Rada, mantiene las prácticas más antiguas y tradicionales del vudú, incluidos los rituales, ceremonias y creencias que se han conservado desde la época colonial.

El vudú Makaya, también llamado Vudú Petwo o Petro, es una tradición más dinámica y pragmática, caracterizada por rituales intensos y una energía poderosa. Adopta un enfoque más asertivo y activo de la magia y la protección, invocando los loas más agresivos e intensos de la línea Petro.

Otros estilos

Rito Nagô:

Origen: basado en la tradición yoruba de Nigeria.

Se centra en loas relacionados con aspectos de la vida cotidiana, con rituales que combinan elementos de protección y prosperidad.

Rito Ibó (o Igbo)**:**

Origen: De la región de Abia de la tribu Ibó en Nigeria.

Similares a los Nagó, pero con variaciones específicas en las prácticas y deidades veneradas.

Diferencias:

Naturaleza de los loas: los loas del rito Rada suelen ser más benévolos y estar asociados a la prosperidad y el equilibrio, mientras que los loas Petro son más enérgicos y pueden invocarse para hacer frente a situaciones difíciles o conflictivas.

Ambiente ceremonial: el Rada tiende a ser más solemne y estructurado, mientras que el Petro es más dinámico e intenso. Otros ritos, como el Nagó y el Ibó, aportan influencias y prácticas específicas de sus regiones de origen.

Estas diferencias reflejan la rica diversidad del vudú haitiano, donde cada rito aporta su propio enfoque espiritual y su práctica ritual.

"Pawòl ou se yon kle; louvri pòt sèkèt yo."

Tus palabras son una llave; abren las puertas de los secretos.

Los colores y sus usos

Los colores tienen prácticamente el mismo significado que en otros sistemas mágicos tradicionales.

Blanco: El color blanco se utiliza en hechizos para la limpieza espiritual, la eliminación de maldiciones, para la protección, la bendición, la curación, ayudar a los demás, revertir hechizos, restaurar la salud y todas las cosas positivas. El blanco se asocia con energías suaves y no invasivas.

Rojo: El color rojo representa el amor, la pasión, el romance, la energía, la lujuria, la fertilidad, la atención o la sexualidad. El color rojo se asocia con energías fuertes y suaves y puede ser coercitivo o sutilmente sugerente. El color rojo puede utilizarse para encantamientos, hechizos de amor, magia sexual y seducción. El rojo también se asocia con loas Petro y el elemento fuego.

Púrpura: Los trabajos que utilizan el color púrpura son típicamente para el poder, la capacidad psíquica, el mando, la compulsión, controlar o atar a otros bajo tu voluntad. Los hechizos de poder, invocación y control incluyen el color morado. El púrpura también puede utilizarse para la paz, la protección y la abundancia. Se asocia con energías fuertes o suaves y puede ser coercitivo o sutilmente sugestivo.

Verde: El color verde está vinculado a los hechizos para atraer el dinero, la riqueza y la prosperidad, y se utiliza en hechizos para la suerte, la fertilidad y el éxito en los negocios. Cuando se quiere influir en cuestiones relacionadas con las finanzas y la abundancia, se recurre al verde. Este color se asocia a energías que pueden ser tanto intensas como suaves, actuando de forma coercitiva o sutilmente sugestiva.

Negro: El color negro puede utilizarse para alejar el mal o causar daño. El negro, por ejemplo, se utiliza para alejar la negatividad, proteger o excluir a las personas negativas de tu vida. El color negro puede causar daño o destruir a alguien. El color negro se asocia a menudo con la imposición de rituales, maldiciones, trucos, magia coercitiva e invocación de espíritus rebeldes.

Amarillo: El color amarillo se asocia con la agilidad mental, la comunicación, la rapidez de acción, el éxito académico en general. El amarillo se asocia a energías suaves y puede ser coercitivo o sutilmente persuasivo.

Rosa: El color rosa se utiliza para atraer el amor o el éxito. El rosa se asocia con las energías suaves.

Azul: Para la salud, la paz y la abundancia. El azul se asocia con energías suaves y puede ser coercitivo o sugestivo.

Marrón: Para bendiciones prácticas y materiales, procedimientos legales y neutralidad. El marrón se asocia con energías fuertes o suaves y puede ser coercitivo o sugestivo.

Naranja: para el reconocimiento, el control y la creatividad. El naranja se asocia con energías fuertes o suaves, y puede ser coercitivo o sutilmente sugerente.

Los colores también pueden asociarse a alfileres de cabeza redonda de un color determinado.

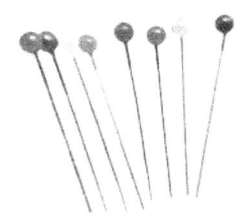

Rojo: poder, sexo, amor fuerte y dominante.

Negro: para repeler la magia negra, o para causar daño.

Blanco: magia en general, magia positiva, curación.

Rosa: para el amor, la tranquilidad.

Verde: dinero o salud.

Azul: espiritualidad.

Amarillo: éxito material, éxito social, intelecto, autoestima.

Morado: espiritualidad, protección.

Los loas, colores y días correspondientes

Loa	Día de la Semana	Color
Agwé	Jueves	Blanco y Azul
Ayida-Wedo	Lunes o Martes	Blanco y Azul
Azaka	Viernes y Sábado	Azul y Rojo
Baron Samedi	Sábado	Negro y Morado
Danballa	Jueves	Blanco
Erzulie	Jueves y Martes	Azul-claro y Rosa
Lasiren	Jueves	Azul-Verde
Ogoun	Lunes, Viernes y Sábado	Rojo
Papa Legba	Lunes	Rojo y Negro
Simbi	Martes, Jueves e Viernes	Blanco y Verde

Puedes utilizar una vela de cada color (por ejemplo, blanca o azul para el Agwé), o una vela bicolor, combinando los dos colores en una sola vela, con cada mitad de un color.

Fases de la luna

Las reglas son las mismas que en cualquier tradición mágica.

Luna creciente: ideal para atraer, aumentar y manifestar intenciones. Es una fase favorable para trabajar en proyectos de crecimiento, ampliación y realización de deseos.

Luna llena: se asocia con el apogeo del poder mágico y la plenitud. Es una fase potente para los hechizos de amor, la abundancia y el cumplimiento de grandes intenciones. La energía de la Luna Llena es intensa y puede utilizarse para reforzar y dinamizar los trabajos mágicos.

Luna menguante: se utiliza para disminuir, limpiar y eliminar las influencias negativas. Es el momento de repeler, reducir y tratar los asuntos que necesitan ser eliminados o disminuidos.

Luna nueva: simboliza la renovación y los nuevos comienzos. Es el momento ideal para definir intenciones, fijar nuevos objetivos y centrarse en la realización de nuevos proyectos.

Para trabajos de **amor**, es mejor hacerlo en luna llena o creciente, pero si quieres "dañar" una relación de pareja, o alejar a un amante, etc. Hazlo en luna menguante.

La luna menguante es la fase más adecuada para los hechizos de **odio** o para alejar y repeler enemigos. En esta fase, la energía disminuye, por lo que es ideal para reducir, eliminar o debilitar las influencias negativas y ahuyentar a las personas no deseadas.

Tipos de peticiones y loas correspondientes:

Se invoca **a Papa Legba** para abrir caminos, mejorar la comunicación, crear nuevas oportunidades y atraer la suerte. Actúa como intermediario entre humanos y loas, facilitando la comunicación y ayudando a resolver conflictos.

Para el amor ardiente, la belleza, el lujo, la prosperidad, la protección: **Erzulie Freda**.

Por protección, amor más sentimental o maternal: **Erzulie Dantor**.

Para la fuerza, el éxito, el trabajo, la guerra contra los enemigos, la abundancia material: **Ogoun**.

Recoger sus frutos, resultados, trabajo, prosperidad material: **Azaka Medeh**.

Para la salud, la curación, la protección contra la enfermedad o la muerte: **Barón Samedi**.

Para la sabiduría, la renovación, la paz, la espiritualidad, la intuición: **Damballa**.

Para la vitalidad, la fertilidad, la protección espiritual, la mejora de la autoestima y la moral: loas **Ghéde**.

Todos los loas tienen la capacidad de realizar diversas tareas mágicas. Por ejemplo, el Barón Samedi puede ser invocado para realizar magia poderosa, clarividencia, nigromancia o rituales de venganza. Además, todos los loas pueden ser invocados para protección.

El Altar

Puedes optar por construir una cabaña de madera o una habitación pequeña (como un garaje) en tu casa, siempre que esté alejada de tu dormitorio. No es aconsejable dormir ni mantener relaciones sexuales en el mismo lugar donde se realizan los hechizos y las ofrendas vudú.

Esta división es una especie de "Kay Myste" (del francés caille des mystères, la casa de los secretos). Se trata de pequeñas construcciones, normalmente de entre 5 y 7 metros, donde se preparan altares individuales para cada loa a la que venera el propietario del kay myste. Estos altares están equipados con materiales comunes, fáciles de encontrar en cualquier parte del mundo, y son conocidos por su singularidad y belleza. En Haití, es habitual que estos altares se monten directamente sobre el suelo de tierra.

Tu "kay myste" puede ser una pequeña zona de tu dormitorio o salón. En Haití, la sensación es que no es bueno dormir en el mismo lugar con objetos consagrados a loa, especialmente con una persona del sexo opuesto; excepto cuando el sexo está prohibido de todos modos. Puedes separar esta zona con una cortina o reservar una habitación entera para el servicio a loa. Las siguientes instrucciones le ayudarán a construir un tipo básico de altar para cualquier loa específico.

Altar básico en casa:

Sugiero que sea en una habitación de la casa, separada de tu dormitorio.

En Haití, cuando un vuduista quiere construir un altar dedicado a un aspecto específico de un loa, es habitual comprar objetos religiosos que estén asociados a ese principio. Para un altar dedicado a un loa en particular, se utiliza una toalla del color correspondiente a ese loa (por ejemplo, morado o negro para Papa Legba).

A continuación, un houngan o una mambo prepara y consagra el altar. Algunos se colocan directamente en el suelo, mientras que otros se preparan sobre plataformas de tablones o cemento.

Tome un paño blanco y lave la primera orina de la mañana con agua. Puedes sustituir la orina por vinagre. Deja secar la sábana, a ser posible al aire libre. Cubre con ella la mesa de tu altar y rocíala ligeramente con tu perfume favorito. Si tienes cuatro piedrecitas cerca de casa, límpialas sumergiéndolas en sal gorda y enjuagándolas bien. A continuación, coloca una piedra en cada esquina del altar. Limpia una botella de vino, un cuenco de cristal u otro recipiente y llénalo de agua. No utilices metal ni vajilla, solo vidrio o cristal.

Colócalo en el centro de tu altar y añade tres porciones de licor de anís o ron blanco en cuanto bendigas el agua.

En el vudú es costumbre bautizar los objetos rituales, dándoles un nombre. Puedes coger un manojo de albahaca y ungir el bautismo sobre tu vaso de agua, que ahora será un poderoso pasaje de energía espiritual. Puedes darle cualquier nombre.

En un candelabro de cristal, pon un poco de tierra recogida cerca de tu casa y unos granos de sal gruesa. Coge una vela blanca y, con un poco de aceite vegetal, frótala del centro hacia arriba y luego del centro hacia abajo. Mientras lubricas la vela, concentra tu energía en las manos y reza una oración por tu conciencia espiritual. Coloca la vela firmemente delante del candelabro y sitúala frente al cuenco de agua. No enciendas la vela todavía.

Añade otros objetos en función de las loas que desees honrar. Por ejemplo, un santuario dedicado a los antepasados incluirá imágenes de antepasados fallecidos; el altar de Ogoun tendrá un hacha y un pañuelo rojo; el santuario de Erzulie Freda estará decorado con flores y joyas, etc.

Ofrendas a los antepasados:

La preparación de un altar es el primer paso en la práctica del vudú y representa la reverencia a los antepasados. Independientemente de cómo se monte el altar, recuerda que sirve de portal que conecta el mundo humano con el de los antepasados y los loas. Respétalo, manténgalo inmaculado, limpio, visítelo a menudo y será recompensado con crecimiento espiritual, energía, victorias personales y coincidencias notables.

Tus antepasados te ofrecen protección y estarán allí para aceptar tus ofrendas. Te guían y protegen, luchan por ti y te transmiten mensajes a través de la intuición y los sueños. Elige una foto o figura de un familiar fallecido cuyo amor por ti sea incuestionable. Si no tienes recuerdos de un familiar fallecido, ya sea de sangre o por adopción, puedes elegir una imagen que simbolice la sabiduría y el amor ancestrales y darle un nombre. También puedes elegir imágenes de antepasados de distintas etnias. Los egipcios, por ejemplo, tenían rituales para venerar a sus antepasados, conocidos como Aakhu ("los resplandecientes").

Coloca estas imágenes detrás de la vasija de agua de tu altar, en cualquier tipo de marco o pégalas en la pared delante del altar. Puedes cubrir esta pared con una tela blanca y pegar las imágenes en ella. Coloca las imágenes hasta que te des cuenta de cómo deben estar dispuestas. Puedes trabajar con una imagen o con varias.

Siéntate frente al altar y, si lo deseas, toca una campanilla o agita un sonajero ceremonial (asson) para marcar el inicio de la meditación. Enciende una vela blanca en el altar y, si es posible, enciende también incienso de coco o vainilla. Si lo prefieres, átate un paño blanco alrededor de la cabeza. Concéntrate en el agua del cáliz central. Relájate y realiza cualquier ejercicio mágico al que estés acostumbrado, ya sea contar de diez en diez o trabajar con los chakras.
Respira profunda y tranquilamente.
Piensa en el antepasado que hayas elegido.

Si es posible, recuerde y visualice momentos pasados con su antepasado. Siente el amor que os une. Imagina este amor como un rayo de luz que atraviesa el agua e ilumina la imagen del antepasado. Pronuncia el nombre de tu antepasado en voz alta y repetidamente. Dile que le quieres y que deseas trabajar junto a él. En el vudú, es esencial que los vivos y los antepasados colaboren y se ayuden mutuamente.

Cuando sientas la presencia de tus antepasados, vierte un poco del agua en el suelo tres veces para saludarlos. Realiza esta meditación con frecuencia hasta que se convierta en una práctica natural. Tras una o dos semanas de práctica constante y eficaz, prepara un banquete para ofrecer a tus antepasados.

El banquete debe incluir los alimentos favoritos de tus antepasados en vida, con la excepción de los platos salados. Para las ofrendas a los antepasados genéricos (los que no conociste en vida), incluye maíz asado, cacahuetes asados, coco fresco, así como alimentos blancos como arroz con leche, leche y pasteles de harina.

Coloca cada tipo de alimento en un cuenco y pone una vela blanca entre ellos. Las ofrendas líquidas pueden colocarse en vasos. Pásate cada plato o cuenco por la frente, el corazón y la zona genital y, a continuación, huele profundamente los alimentos (casi tocándote la nariz).

Habla con tus antepasados, recuérdales que una vez estuviste entre los vivos y que un día tú también te unirás a ellos. Pídeles que alejen males como la pobreza, la enfermedad, el desempleo, el cansancio, la discordia y la tristeza. Pídeles que traigan todo lo positivo, incluido el amor, la prosperidad, el empleo, la salud, la alegría, la amistad y la risa.

Enciende las velas y coloca la comida en el altar. A continuación, abandona la habitación. Después de quemar las velas, preferiblemente al día siguiente, deshazte de la comida cerca de un árbol grande. Si esto no es posible, pon la comida en la calle, y los animales callejeros podrán comérsela. Lava los platos, cuencos y vasos, frótalos con sal y guárdalos. No los utilices para otros fines, ni siquiera para las comidas ordinarias; resérvalos exclusivamente para el vudú.

Utensilios en el altar

Los utensilios son personales y pueden variar según sus preferencias. Incluyen:

Velas: suelen ser blancas o de colores, según el loa. La vela simboliza el elemento fuego.

Cuenco con agua: simboliza la purificación y la vida, representa el elemento agua.

Candeleros: para sostener velas.

Campanas o sonajas "asson": para llamar a los espíritus o señalar el inicio del ritual.

Poteau-mitain en miniatura: representado en el altar, conecta los mundos físico y espiritual.

Imagen o **símbolo** vevé del loa: la deidad con la que quieres trabajar.

Ofrendas: comida, ron, tabaco, hierbas, pan, fruta.

Incienso: para purificar el ambiente, o hierbas específicas para un fin concreto. El incienso simboliza el elemento fuego y aire.

Cuenco con arena: simboliza el elemento tierra.

Mantel blanco: normalmente blanco. Pero si trabajas con un loa específico, utiliza el color asociado a él.

Cráneo humano (réplica), para decoración o para algún trabajo maligno.

Velas con forma de calavera.

Mini ataúd de madera (para los males).

Huesos de animales.

Algunos utensilios varían en función del hechizo que se vaya a realizar.

El poteau-mitan del templo es un gran pilar que conecta el plano espiritual con el físico. En un altar, obviamente tiene que ser en miniatura. Un concepto idéntico es el "Pilar de Djed" u "obelisco" en miniatura que se utiliza en el altar en la magia egipcia.

Muñecos vudú

Los muñecos son efigies (representaciones de seres humanos).

Hay ligeras diferencias entre los muñecos de trapo y los de madera o cera (paket, o wanga paket).

Los muñecos vudú de madera o cera se llamaban "paket" o "pake". Sin embargo, los muñecos de tela no recibían esta denominación. El término "paket" se refiere específicamente a fetiches o amuletos cuidadosamente preparados y consagrados (a veces llamados "wanga paket"), que suelen contener hierbas, piedras y otros objetos simbólicos, reunidos en pequeños paquetes. Por otra parte, los muñecos de tela del vudú, utilizados para rituales de curación, protección o incluso daño, se conocen más comúnmente simplemente como muñecos vudú, sin utilizar el término "paket". El término "paket" se refiere a un pequeño paquete en el que se colocan las hierbas o los objetos personales de la víctima, y que puede estar cosido en forma de una pequeña figura humana.

Se dice que existe un ritual mágico con efigies, en el que el bokor pasaba una cuerda anudada sobre un muñeco de cera, símbolo de su intención, mientras recitaba palabras mágicas: Arator, Lepidator, Tentador, Soniator, Ductor, Comestos, Devorator, Seductor.

Movido por el poder de su odio, el hechicero controlaba las energías fluídicas de su víctima. En un arrebato de ira, clavaba un puñal en el muñeco y lo arrojaba al fuego. En el mismo momento, la persona maldita caía gravemente enferma o sucumbía.

En algunos contextos, la efigie también se denomina "dagyde", que significa "figura" de esa persona, y se utiliza para maldecir o dominar (envultamiento). Dagyde también es sinónimo de bruja que realiza estos hechizos. Envultamiento es una expresión que deriva de "envolver" o crear un paquetito con un hechizo en su interior.

Las marionetas podían estar hechas de diversos materiales, desde madera o arcilla (como hacían tradicionalmente los indígenas), o trapos, lana, o al estilo moderno de Nueva Orleans, hechas con un palo e hilos enrollados y botones que servían de ojos.

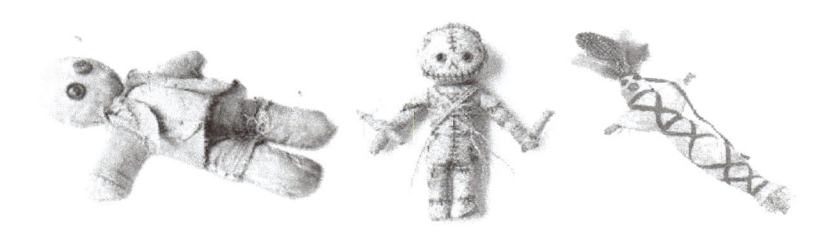

Al final del libro comparto el método moderno de hacer muñecos vudú.

Posesión:

La posesión es un medio de comunicación espiritual respetuoso con los loas, que implica el uso de ritmos y rituales específicos para facilitar la manifestación de los espíritus, con el objetivo de obtener guía y protección espiritual. Durante el proceso, el hougan permanece consciente y bajo sugestión.

La posesión es un elemento esencial y profundamente valorado en el vudú. Como dice un proverbio haitiano:

"Los cristianos van a la iglesia para hablar con Dios; nos vamos al hounfort para llegar a ser uno con Él".

Durante la guerra contra Francia, los bokor realizaban rituales en los que los soldados eran poseídos por los loas guerreros más poderosos. Los haitianos creían que los franceses no se enfrentaban a simples humanos, sino a semidioses. Fuera cierta o no, esta creencia inspiró a los haitianos a luchar con tal determinación que consiguieron liberar a su país.

Rituales y ofrendas: las ceremonias del vudú implican ofrendas, danzas y cantos específicos para cada loa, con el fin de llamar y acoger la presencia de los espíritus.

Ritmos de tam-tam: La posesión suele inducirse al ritmo de los tambores (también conocidos como "tam-tam" o "Tanbou kon"), que crean una atmósfera favorable a la manifestación de loas. Existe otro gran tambor llamado "assôtor".

Los atabaques en Kimbanda y los tambores en Vudú desempeñan un papel similar en la inducción de estados de trance y la posesión de médiums por espíritus o loas. He aquí algunas de las similitudes entre estos elementos:

Función inductora del trance:

Ritmo y frecuencia: tanto los atabaques en kimbanda como los tambores en vudú producen ritmos repetitivos y continuos. Estos ritmos tienen una cualidad hipnótica que ayuda a alterar el estado de conciencia de los participantes y médiums, facilitando la inducción al trance.

Conexión espiritual: el sonido de los atabaques y los tambores actúa como canal de comunicación con el mundo de los espíritus. Durante los rituales, los ritmos se utilizan para invocar a los espíritus o loas y establecer una conexión más profunda con ellos.

Creación de atmósfera: ambos tipos de tambores contribuyen a crear una atmósfera ritual favorable a la manifestación espiritual. El sonido y la vibración de los tambores definen el espacio ritual, preparándolo para la presencia de los espíritus.

Facilitar la posesión:

Alteración del estado de conciencia: el ritmo intenso y continuo de los tambores y atabaques altera el estado mental de los médiums, facilitándoles la entrada en trance. Este estado es esencial para que los espíritus o loas se manifiesten y tomen temporalmente el control de los médiums.

Canalización espiritual: durante el trance inducido por los tambores o atabaques, los médiums se convierten en canales a través de los cuales los espíritus o loas pueden manifestarse y comunicarse con los participantes en la ceremonia.

Energía e intensidad: el sonido de los tambores y atabaques contribuye a crear una energía ritual intensa y vibrante, esencial para la manifestación e interacción de los espíritus. La energía generada por el ritmo ayuda a atraer y mantener la presencia de los loas o espíritus.

Rito de autoiniciación

Este pequeño rito, para el practicante solitario, sirve para presentarse a los loas, indicando su disponibilidad y ser receptivo a sus energías.

Al comenzar a trabajar con los loas, es necesario establecer un contacto inicial en el que expresemos nuestro deseo de dedicarnos al servicio y colaboración con ellos. Una vez establecido esto, se puede proceder con los ritos.

1. Siéntate mirando hacia el **este** delante de una mesa que sirva de altar. Sobre ella se colocan cuatro velas: roja para el **este**, verde para el **sur** (derecha), azul para el **oeste** y amarilla para **el norte** (izquierda). En el centro del altar se coloca un vaso de agua pura.

2 - Enciende las velas y repite en voz alta:

"¡En el Mundo de los Espíritus no hay Oscuridad! ¡Quiero ser un Hijo de la Luz! Espíritus de las Profundidades, Espíritus de los Muertos, ¡estoy aquí para serviros!".

3 - Toca el agua con los dedos de la mano derecha y moja el centro de la frente, repitiendo:

"Dedico mi ser al servicio de los loas".

Te pido ayuda y te invoco para que estés presente en este altar y en el elemento que te es más cercano, el agua.
Te pido que me ayudes y, a cambio, me ofrezco para servirte.
Me ofrezco al servicio del gran Rey de los Espíritus Sumergidos, Grand Maître Bois d'Ilet".

4. Cierra los ojos y observa cómo responden los espíritus. Permanece en silencio unos instantes y luego bebe un vaso de agua, porque allí reside el poder espiritual.

Medita durante unos minutos, luego apaga las velas y recoge el altar.

Recetas

Aceites, esencias y polvos vudú

En el vudú, los aceites esenciales y las aguas se utilizan para consagrar, purificar y dar energía tanto a los practicantes como a los objetos rituales. Pueden aplicarse de diversas maneras. Los aceites y las aguas florales también pueden aplicarse discretamente en los zapatos o la ropa de la persona hechizada.

En una tienda esotérica en línea puede comprar diversos "aceites esenciales" para la venganza, el odio, la defensa o la atracción amorosa. Estos aceites se pueden utilizar para ungir muñecos de vudú en hechizos, o poner en la ropa o los zapatos de tu ser querido o enemigo, entre otros fines. **Sin embargo, siempre es una buena idea elaborar tus propios aceites, para implicar en ellos tu energía y magnetismo personales.**

Usos:

Unción: los aceites esenciales se utilizan para ungir el cuerpo, las velas o los objetos sagrados, como amuletos y fetiches, con el fin de canalizar energías espirituales específicas.

Aguas esenciales: se pueden rociar sobre el altar, en las ofrendas o en el ambiente para purificar e invocar protección espiritual.

Agua de ángel (Eau d'Ange).

Los practicantes consideran que el agua de los ángeles tiene propiedades beneficiosas. Puede utilizarse para rociar la casa o como baño espiritual.

Artículos: un frasco de vidrio oscuro, una porción de agua de azahar, una porción de agua de rosas, media porción de agua de mirto, tres cuartas partes de alcohol de grano, una porción de agua destilada, 1 ml de aceite esencial de almizcle, 1 ml de aceite esencial de ámbar.

Mezclar los ingredientes en un frasco bien cerrado de color oscuro y guardar en un lugar fresco.

Cinco aguas sagradas.

Se utilizan para la limpieza y la armonía.

Objetos: una botella de cristal, agua de río, agua de lluvia, agua de mar, agua de manantial y agua bendita.

Mézclalo todo y métiolo en una botella. El agua se puede utilizar para bañarse, pulverizar por la casa u otros ambientes (trabajo) y limpiar suelos.

Agua de Florida (Florida Water).

Se utiliza para limpiar, purificar (aplicado por toda la casa o sobre la ropa de cama de la persona objetivo) y lavar suelos.

Ingredientes: 300 ml de agua de rosas, 30 ml de aceite de mandarina, 10 ml de aceite de limón, 10 ml de aceite de lavanda inglesa, 10 gotas de aceite de clavo, 10 gotas de aceite de canela, 10 ml de tintura de benjuí.

Vierte los ingredientes previamente conjurados en el frasco y ya está listo para usar.

Agua de Hungría (Eau d'Hongrie).

Esta agua espiritual es utilizada por las mujeres en busca de empoderamiento, aplicándola como perfume sobre el cuerpo. También puede rociarse por la casa para alejar las energías negativas, atraer la buena suerte y promover la armonía en los asuntos familiares.

Elementos: tres cuartas partes de una porción de alcohol de grano, una porción de agua destilada, una porción de flor de romero, una cuarta parte de una porción de salvia fresca, 30 g de jengibre de Jamaica (machacado en un mortero).

Añada a la botella todos los ingredientes conjurados anteriormente, a excepción del agua destilada y el jengibre de Jamaica.

Guardar la botella en un lugar oscuro durante unos días, filtrar, separando solo el líquido, añadir el agua destilada y el jengibre de Jamaica.

Colonia de amor (Cologne D'Amour)

Se utiliza para atraer el amor y la lujuria.

Ingredientes: un frasco de vidrio oscuro, 50 ml de alcohol de grano, una porción de aceite esencial de rosa, una porción de aceite esencial de lavanda, una porción de aceite esencial de ylang ylang, una porción de aceite esencial de sándalo.

Vierta los ingredientes previamente consagrados en el frasco y ya está listo para usar. Puede aplicarse pulverizando la zona o sobre la ropa (evite aplicarlo directamente sobre la piel).

Aceite de atracción

Ingredientes: 1 tarro de cristal oscuro, 1 frasco de aceite base (como el de almendras), 1 cucharadita de canela en polvo, 1 cucharadita de azúcar moreno, 1 puñado de pétalos de rosa roja, un poco de ron, 1 vela roja gruesa, 1 guindilla.

Instrucciones: preparar el frasco: verter el aceite base en el frasco de vidrio oscuro.

Añada los ingredientes:

Mezclar la canela en polvo y el azúcar con el aceite de almendras. Añade los pétalos de rosa y la guindilla al tarro, agrega unas gotas de ron, ciérralo bien y agítalo enérgicamente. Deja el tarro expuesto a la luz de una vela roja (gruesa) durante siete días para energizarlo.

Pasados esos días, cuela el líquido y retira los pétalos y la guindilla. Guarda el aceite filtrado restante en una botella nueva (de vidrio oscuro).

Tinta Sangre de paloma "Dove's blood Ink"

En algunos hechizos, se recomienda escribir el nombre del ser querido con tinta de "Sangre de Paloma", pero no es sangre de verdad. Esta tinta está disponible en tiendas esotéricas, pero puedes fabricarla siguiendo esta receta:

Ingredientes: 2 porciones de resina de sangre de dragón (del drago), 1 trocito de goma arábiga, 2 gotas de aceite esencial de canela, 2 gotas de aceite de rosa, 2 gotas de aceite de albahaca y 10 ml de alcohol de grano.

Instrucciones: muela las resinas en un mortero y sumérjalas en alcohol hasta que se disuelvan. A continuación, añada aceite esencial de canela, aceite de rosa y aceite de albahaca, así como goma arábiga. Filtra la mezcla y guárdala en una botella.

Colonia Kananga:

Tanto los Radas como los Petro loas se sienten atraídos por la esencia de Kananga. Puedes utilizarla para espolvorear en tu altar, preparar baños espirituales, aplicar a velas y amuletos, y también como ofrenda a los antepasados.

Ingredientes: un frasco de vidrio oscuro, 50 ml de alcohol de grano, una porción de aceite esencial de ylang ylang (*Cananga odorata*), una porción de aceite esencial de mandarina (*Citrus reticulata*), una porción de aceite esencial de rosa, una porción de aceite esencial de azahar.

Pon los ingredientes previamente conjurados en el frasco y ya está listo para usar. Rocía sobre el altar ancestral.

El nombre de esta esencia es "Kananga", inspirado en el nombre científico del Ylang Ylang (*Cananga odorata*). Kananga es también la capital de la provincia de Cassai Central, en la República del Congo.

Agua espirituosa (Eau Spiritueuse d'Anis)

Utilizada en rituales para trabajar con los ancestros, un cuenco de cristal debe colocarse en el altar del practicante que vaya a realizar la adivinación (scrying).

Ingredientes: una botella de vidrio oscuro, 450 g de semillas de angélica, 100 g de semillas de hinojo y 50 ml de coñac.

Macerar los granos previamente conjurados con un mortero, introducir los elementos en la botella y completar con coñac, dejar reposar. Remover suavemente la solución todos los días durante siete días. Al final de este periodo, cuele el contenido, separando solo el líquido, y devuélvalo a la botella.

El Eau Spiritueuse d'Anis puede utilizarse en rituales *de adivinación* simbólicos y prácticos para invocar la sabiduría de los antepasados.

Preparación del espacio: vierte el Eau Spiritueuse d'Anis en un cuenco o recipiente y colócalo en el centro del altar. Enciende velas alrededor, creando una atmósfera propicia para la meditación y el contacto con el plano espiritual.

Consagración del cuenco: antes de empezar el ritual, consagra el cuenco con oraciones o cánticos, invocando la presencia de los espíritus ancestrales y loas protectores. Ofrece ron, tabaco u otros objetos apreciados por los espíritus para complacerlos y reforzar la conexión espiritual.

Scrying: mira profundamente el líquido del cuenco y entra en estado de meditación. El Agua de Anís, con sus propiedades aromáticas y purificadoras, puede ayudarte a abrir tus sentidos espirituales. A medida que te relajas y te concentras, pueden manifestarse visiones o mensajes de los antepasados en el reflejo del agua. Para intensificar la práctica y crear una superficie más oscura propicia para la visión, coloca un paño negro bajo el cuenco.

Invocación de los antepasados: mientras contemplas el líquido del cuenco, invoca a los espíritus de los antepasados, pidiéndoles guía, protección o respuestas.

Eau'd Albahaca

Se utiliza para purificar y traer la paz.

Ingredientes: una botella de vidrio oscuro, 50 ml de alcohol de grano, una porción de aceite esencial de albahaca, una porción de aceite de eucalipto, una porción de aceite de manzanilla.

Vierte los ingredientes previamente conjurados en la botella y ya está listo para usar. Rocíe por la casa, el trabajo o cualquier otro lugar.

Vinagre de cuatro ladrones

Se utiliza para quitar a la gente de en medio o provocar peleas familiares.

Ingredientes: una botella de vidrio oscuro, una botella de vinagre blanco, 30 gramos de romero, 30 gramos de lavanda, 30 gramos de alcanfor en polvo, 30 gramos de salvia, 30 gramos de artemisa, 30 gramos de menta, 30 gramos de melisa, 30 gramos de ruda.

Mezclar todos los ingredientes previamente consagrados en una botella de cristal y dejar reposar en un lugar oscuro durante seis semanas. Transcurrido este período, filtre el líquido, separándolo de los sólidos, y vuelva a introducirlo en la botella. A continuación, vierta el líquido en el pomo de la puerta de la persona objetivo (enemigo) y aléjese discretamente.

También puedes proceder del siguiente modo: mezcla sal gorda en un cuenco con un poco del "Vinagre de los cuatro ladrones" y déjalo secar durante unos días. Una vez seca, utiliza la sal sobrante y espolvoréala sobre las huellas del enemigo en la arena de la calle.

Tercera opción: Escribe el nombre del enemigo en un trozo de papel, mételo en una botella de vinagre Cuatro Ladrones y tira la botella a un río.

Poción para maldecir a un enemigo

Ingredientes: 500 ml de agua mineral, pétalos de un clavel rojo, una pizca de flores de lavanda, una pizca de pimienta negra, una pizca de hojas de artemisa, una pizca de azafrán, una pizca de virutas de un hueso humano (consígalas en un cementerio), una cucharadita de raíz de angélica, una cucharadita de hojas de limón, una cucharadita de granos de mostaza negra, una cáscara de limón deshidratada, 1 vela negra, 1 tarro de cristal oscuro.

Instrucciones:
Realizar el ritual un lunes, a cualquier hora del día. Hervir todos los ingredientes en agua durante 15 minutos y dejar enfriar a temperatura ambiente. Cuele la mezcla y pásela a un tarro de cristal. Coloque el frasco sobre el vevê de Barón Samedi y encienda una vela negra, dejando que arda por completo.

Esta poción se puede utilizar en la puerta, los zapatos, la ropa, la bebida u otros objetos personales de tu enemigo.

Agua de Marte

Se utiliza para luchar contra los enemigos.

Ingredientes: una botella de cristal oscuro, raspaduras de uñas o mechones de pelo de tu enemigo (o trozos de ropa, o un anillo, etc.). Agua de un pantano, aceite de "alquitrán vegetal".

El alquitrán vegetal se extrae quemando carbón vegetal mediante distintos métodos, desde los más sencillos hasta los más complejos sistemas de destilación. Durante el proceso de combustión, se recoge el humo generado y de él se destila el alquitrán vegetal. Como alternativa, se puede utilizar "betún judío", fácil de encontrar en droguerías o tiendas de artesanía.

Se introducen en la botella los ingredientes previamente consagrados y se deja reposar durante unas semanas, abriendo la botella a diario para facilitar el proceso de oxidación. El líquido resultante puede verterse en la puerta de la casa del enemigo.

Otros aceites comunes que se pueden utilizar:

Aceite esencial de canela: para atraer la suerte y la fortuna, engrasa una vela amarilla con este aceite y enciéndela. La canela también es poderosa en los hechizos de amor, ya que potencia la energía de estos rituales.

Aceite de alcanfor (*Cinnamomum camphora*)**:** potencia el efecto de una vela, deja caer unas gotas sobre la llama de la vela. También puede utilizarse para purificar el ambiente.

Aceite esencial de clavo: para atraer la suerte en el juego, aplícate unas gotas del aceite en las manos o en un amuleto. También puedes engrasar una vela verde con el aceite y encenderla.

Aceite de citronela (*cymbopogon winterianus*)**:** poderoso para embrujar a alguien, ponlo en la puerta de la casa del enemigo.

Aceite esencial de civeta (*Civettictis civetta*) o almizcle: se utiliza como perfume o en hechizos de amor.

Aceite de cilantro: para aumentar tu atracción, unge una vela roja con este aceite y enciéndela, sobre todo cuando la persona amada esté cerca.

Aceite de geranio (*Pelargonium hortorum*): atrae la buena suerte, frótese las manos. Utilizar en rituales de meditación para el equilibrio emocional.

Aceite de jengibre de Laos (*Alpinia officinarum*): frótelo en las suelas de los zapatos, ayuda a ganar los juicios.

Aceite de meimendro negro (*Hyoscyamus niger l.*): bueno para maldecir, unge una vela negra con este aceite.

Aceite de heliotropo (*Heliotropium l.*): potencia el efecto de cualquier ritual, quémalo como incienso, unge una vela o una varilla de incienso con el aceite.

Aceite de eléboro: para vencer las maldiciones, ponte unas gotas en la frente o en las manos y recita el Salmo 23.

Receta de sal de Papa Legba para cortar maldiciones

Ingredientes: 200 g de sal marina, 100 g de ruda seca, 100 g de romero seco, 100 g de albahaca seca, 100 g de nuez moscada, mortero, 1 vela negra y roja (bicolor).

Instrucciones:
Hacer un lunes, día de Legba.

Espolvorear las hierbas con sal en un mortero.

Después de mezclar bien los ingredientes, cava un hoyo en la calle para las ofrendas a Legba y coloca dentro el bote de sal negra. Reza una oración pidiendo a Legba que abra tus caminos. Enciende una vela en el lugar y, cuando se consuma por completo, recoge la sal y guárdala.

Puede aplicarse a uno mismo o a los demás. Frótelo suavemente entre las cejas, en la base del cuello, en la parte superior de la cabeza y un poco en la espalda.

Polvos vudú

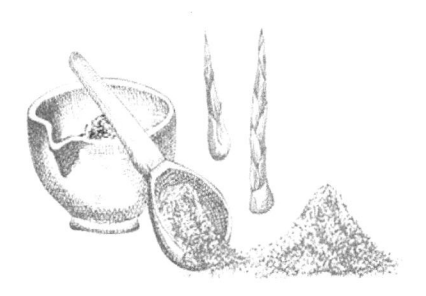

Ahora le enseñaré a preparar unos polvos vudú.

Estos polvos pueden espolvorearse sobre una fotografía de una persona, aplicarse en su hombro o en las huellas de la persona a la que se engaña. Algunos de los nombres más conocidos son "Hot Foot Powder" y "Goofer Dust".

Puedes utilizar una cuchara para recoger parte de la arena de la huella. Otro método consiste en raspar la arena de la suela del zapato de la persona. Esta práctica se conoce como "magia de la huella del pie" (foot-track magick).

Muchos de estos polvos incluyen varios ingredientes, uno de los cuales es la arena magnética.

Arena magnética:

Puedes utilizar limaduras de hierro y afeitar dos imanes para generar más polvo magnético, o utilizar un imán de nevera (normalmente maleable) y afeitarlo con un rallador. Añade también azurita raspada a la mezcla. Una tienda de metales es un buen lugar para conseguir limaduras de metal.

Receta de Goofer Dust.

Maldecir al enemigo.

Se cree que la palabra "Goofer" significa "embrujado" y posiblemente deriva del kilongo "Kufwa", que significa "morir".

Manipula los ingredientes con guantes para evitar el contacto directo con la energía negativa. Mezcla tierra de cementerio, sal negra, azufre, piel de serpiente seca y arena magnética. Machaca bien los ingredientes en un mortero hasta obtener un polvo.

Un miércoles de luna menguante, añade pimienta negra e insectos secos reducidos a polvo. Guarda la mezcla en un tarro de cristal. Puedes colocarla sobre la huella de un enemigo o mezclar un poco de la arena de su huella (o zapato) con el polvo. Otra opción es espolvorear la mezcla en el umbral de la casa de esa persona.

Polvo para pies calientes.

Mezcla chile en polvo, pimienta roja y negra en polvo y azufre. Un viernes de luna menguante, enciende una vela negra y concéntrate en tu intención al ritualizar los polvos. Guarda la mezcla en un tarro de cristal oscuro, pero mantenla fuera de casa.

La pólvora aleja a los enemigos.

Mezcla tierra de cementerio, tierra de encrucijada, azufre, sal gruesa y pimienta negra. Un lunes de luna menguante, tritúrelo todo en un mortero hasta obtener un polvo fino. Utiliza siempre guantes para evitar el contacto directo. Guarda la mezcla en un tarro de cristal y mantenla fuera de casa.

La sal negra, también conocida como sal de bruja, puede comprarse ya preparada en tiendas esotéricas. Sin embargo, si lo prefiere, puede prepararla en casa. Existen varias recetas de sal negra, pero todas incluyen elementos oscuros, cenizas y hierbas quemadas.

Puedes preparar sal negra mezclando sal gruesa con cenizas quemadas, carbón vegetal, ruda y laurel, así como pimienta negra en polvo. Se muele todo en un mortero hasta obtener un polvo fino.

Si quieres una sal negra más potente, añade tierra de cementerio. Incluso puedes personalizarla con nombres como "Polvo Puta que Parió" o "Polvo Entierra Enemigos", según lo que quieras.

Polvo de Kafou (Carrefour) **para cerrar caminos**

Ingredientes: 100 g de maicena o talco neutro, 50 g de azufre, 10 g de pimienta de cayena, 10 g de polvo de carbón triturado, 50 g de sal gruesa, 20 g de pimienta negra molida, mortero.

Instrucciones:

Un lunes, dibuja el vevê de Kafou y coloca sobre ella algunas ofrendas a esta loa (ron, vela negra, comida, etc.). Delante de la vevê, coge un mortero y tritura los ingredientes hasta convertirlos en polvo. Enciende la vela. Guarde el polvo en un frasco de vidrio, ponga un poco del polvo del vevê en el frasco.

Este polvo puede espolvorearse en los zapatos de la víctima, en su ropa o en un lugar por donde vaya a pasar la persona. Este polvo irá molestar al enemigo.

Polvo de aliento de dragón (souffle de dragon):

Polvo muy potente para una gran variedad de hechizos, para eliminar maldiciones, para lanzar maleficios o para amarres de amor.

Ingredientes: sal negra, azufre en polvo, pimienta roja (seca), pimienta de cayena (seca), carbón vegetal en polvo, resina de sangre de dragón (*Dracaena cinnabari*).

Mezclar los ingredientes:
En un mortero, mezcla a partes iguales sal negra, azufre y las guindillas. Añade una pizca de carbón vegetal y una cucharadita de resina de dragón. Muele todo hasta obtener un polvo fino.

Pon este polvo en un tarro de cristal.

Nota: la sal negra puede hacerse mezclando sal gruesa con ceniza o carbón en polvo, y hierbas secas como la ruda.

Este polvo, conocido como "Aliento de Dragón", será útil en varios hechizos (véase el capítulo sobre hechizos).

"Polvo de Humo Fantasma"

Al quemarse, este polvo produce una gran cantidad de humo blanco, similar al de un espectro, por lo que se le conoce como "humo de fantasma". Se utiliza en rituales de comunicación mediúmnica o para defensa psíquica. He incluido un ritual específico con este polvo en la sección de hechizos.

Ingredientes: sal fina, azufre en polvo, salvia blanca seca (salvia *alpiana*), mirra en resina (*commiphora myrrha*), carbón vegetal en polvo.
Nótese que la mirra no es la hierba común, sino la resina del árbol *commiphora myrrha*.

Lo que generará humo blanco es sobre todo salvia blanca, resina de mirra y azufre.

Instrucciones:

Pon dos partes iguales de sal y azufre en un mortero. Añade una cucharada de salvia blanca seca y otra de resina de mirra. Añadir una pequeña cantidad de carbón vegetal en polvo (sin pasarse). Triturar todo hasta obtener un polvo fino.

Hechizos

Abrir caminos o cortar una maldición

Ingredientes: Polvo "Aliento de Dragón" (receta en este libro), una vela blanca gruesa.

Instrucciones:
De cara al sur, enciende la vela y espolvorea un poco de Polvo Aliento de Dragón sobre la llama.

Pide protección a Damballa y que te ayude a resolver tu problema o maldición.

Repite el proceso, mirando hacia el norte, luego hacia el este y finalmente hacia el oeste.

Finalmente di:

"Damballa me protege. Mientras esta llama arda, mis problemas se disiparán".

Si se trata de una situación relacionada con un oponente, escribe el nombre de la persona en un papel y coloca el Polvo Aliento de Dragón sobre el papel.

Piedra de rayo para protección

En el vudú haitiano, las "pierres tonnerre" (piedras del rayo) se consideran objetos sagrados llenos de poder, asociados a la energía de loas vinculados al trueno, como el loa Ogoun. Se cree que estas piedras, a menudo de origen meteórico o formadas en circunstancias especiales durante las tormentas, son portadoras de una intensa fuerza espiritual, derivada de los rayos o truenos que las crean o energizan. Se utilizan en rituales de protección, fortalecimiento e invocación, especialmente en prácticas de magia defensiva y para alejar las fuerzas negativas.

Consideradas un canal de la energía divina, las pierres tonnerre se colocan a menudo en altares y se consagran con oraciones y ofrendas, reforzando la conexión con el mundo de los espíritus y sus protectores.

Ingredientes: una pierre tonnerre (piedra del rayo), agua floral o Eau Spiritueuse d'Anis (recetas incluidas en este libro), una vela blanca o roja, un plato de barro, hierbas protectoras como la ruda o la albahaca, ron u otra bebida alcohólica (para las libaciones), cáscara de huevo en polvo (polvo de cascarilla) y un paño blanco o rojo (para envolver la piedra). Opcionalmente, para el polvo de cascarilla, se puede comprar una "pemba" en tiendas esotéricas.

Purificación de la piedra:

Coloca la piedra en el plato de arcilla y vierte sobre ella agua florida o Eau Spiritueuse d'Anis, para purificarla y eliminar cualquier energía residual. Mientras lo haces, recita una oración de invocación, pidiendo protección y poder a la loa Ogoun u otro espíritu vinculado al trueno, para que bendiga el amuleto y lo cargue con su fuerza espiritual.

Energizar la piedra:

Enciende la vela blanca o roja junto a la piedra, que representa la luz y el poder del rayo. Dispón las hierbas protectoras alrededor de la piedra en el plato y luego vierte un poco de ron como ofrenda a los loas.

Pasa la piedra a través de la llama de la vela y las hierbas, pidiendo que sea magnetizada con la energía espiritual necesaria para la protección.

Recita un canto o una oración dedicada a la loa Ogoun o al espíritu que desees invocar, pidiendo protección contra enemigos o energías negativas. Pide que la piedra se transforme en un poderoso escudo espiritual.

"Ogoun, gran guerrero, señor del hierro y del fuego,
Protégeme con tu espada y tu escudo,
Guía mis pasos con fuerza y valor, Aleja de mí todo mal o enemigo,
Que tu llama me envuelva, que tu luz me proteja.

Ogoun Feray, defensor de los justos, estate a mi lado en cada batalla.

¡Ayibobo! (que así sea)!"

Conclusión:

Espolvorea la piedra con polvo de cascarilla (o pemba) para sellar el ritual con una capa adicional de protección. Envuelve la piedra del trueno en el paño blanco o rojo, manteniéndola a salvo.
Lleva la piedra contigo en el bolsillo, en una bolsita (gris-gris) o colócala en el altar de tu casa, donde actuará como amuleto protector.

Si quieres y puedes cantarla en criollo haitiano, para una mayor vibración mántrica, aquí tienes la oración a Ogoun:

"Ogou, gran gèrye, chèf fè ak dife, Pwoteje mwen ak epe ou ak boukliye ou,
Gide pa mwen ak fòs ak kouraj, Wete tout move bagay ak lènmi nan chemen mwen,

Kite flanm o anvlope mwen, kite limyè o pwoteje mwen.

Ogou Feray, defansè moun ki jis, Kanpe bò kote mwen nan tout batay.

¡Ayibobo!"

Oración a Damballa para protección:

"Damballa, ou sekrè, ou gran serpent, Mwen mande ou pou pwoteje m' Kont tout fòs ki mal, Kouvri m' ak fòs ou ak sajès ou.

Fè ke limyè or klere sou mwen, Ak proteksyon or toujou avèk mwen.

¡Ayibobo!"

"Damballa, oh sagrada, oh gran serpiente, te pido que me protejas contra todas las fuerzas del mal, rodéame con tu poder y sabiduría.

Que tu luz brille sobre mí, y que tu protección esté siempre conmigo.

Que así sea".

Deshacerse de la mala suerte

Al atardecer, con luna menguante.

Escribe la siguiente oración en un papel con tinta "Sangre de Paloma" (receta en este libro):

"Yo (nombre) os ofrezco,
espíritus misteriosos que guiáis mi vida, esta oración.
Pido tu ayuda, dame paz mental y armonía, quita cualquier maldición,
mientras este humo llega a tu reino.
Amén".

Lee la oración en voz alta.

Coloca el polvo "Humo fantasma" (receta de este libro) sobre el papel. A continuación, quema ambos, dejando que se produzca una gran cantidad de humo blanco. Tras el hechizo, espera a que las cenizas se enfríen y entiérralas. Si deseas reforzar el efecto, puedes repetir el ritual durante tres noches consecutivas.

Influencia de los sueños con gris-gris

Influir en los sueños de una persona concreta.

Ingredientes: una bolsita de tela roja (gris-gris), hierbas específicas (como la salvia para la claridad, la lavanda para los sueños tranquilos o la ruda para la protección), un trozo de papel con el nombre de la persona y su intención escritos en él, un cordel rojo.

Preparación: Coloca las hierbas dentro de la bolsa de tela con el papel en el que has escrito el nombre de la persona y tu intención. En el papel debes especificar la petición, detallando el tipo de sueño que quieres que tenga la persona o el mensaje que quieres transmitirle.

Ata la bolsa con el cordel y visualiza a la persona mientras haces el conjuro. Di:

"Que este gris-gris vaya a [nombre de la persona] y traiga [la intención específica] a sus sueños".
Damballa, gran serpiente, que [nombre de la persona]
reciba [la intención] en sus sueños esta noche".

Coloca la bolsa "gris gris" en un lugar discreto donde la persona no la vea, pero por el que pueda pasar, como cerca de la puerta de entrada o en un lugar cercano a su entorno habitual.

Por último, da las gracias a Damballa. Ofrécele un vaso de agua, fruta como manzanas o peras, o pasteles de coco, por ejemplo. Los huevos cocidos también son una buena ofrenda, ya que representan simbólicamente el huevo de la serpiente. Aunque es difícil conseguir huevos de serpiente, el huevo común, aunque sea de gallina, conlleva este simbolismo.
Además, el huevo es un símbolo universal de la creación, que remite al concepto del gran huevo cósmico.

Amarre vudú con Erzulie Freda:

Ingredientes:
Muñeco de tela blanca (hecha por ti mismo con un retal de camisa o ropa interior de la persona amada. Si esto no es posible, puedes utilizar un muñeco comprado en una tienda esotérica, que primero debe sumergirse en agua con sal gruesa y luego secarse a la sombra para neutralizar cualquier recuerdo energético preexistente). Una cinta rosa con tu estatura. Pelo, recortes de uñas o cualquier otro objeto personal perteneciente a tu ser querido.

Relleno para el muñeco: hojas de hoja de coche (*Dieffenbachia seguine*), pétalos de rosa rosa, ruda macho o hembra (según el sexo de la persona amada), hierba zacate cadillo (Cenchrus echinatus l.), hinojo. Todo seco, se puede moler.

Foto de 3x4 de la persona que amas (para pegar en la cabeza del muñeco; opcional). Punto rayado (*vevê*) de Erzulie Freda, diosa vudú del amor (imprimir o rayar con pemba rosa). Aguja rosa para la cabeza, 3 velas rosas, 3 velas azul claro y 3 velas doradas.

Rellena el muñeco con hierbas y material biológico de tu ser querido. Pega una foto de la persona en el muñeco. Con el dedo índice mojado en agua bendita, bautiza el muñeco de la siguiente manera:

"En el nombre de Dios Padre (haz una cruz en la cabeza), en el nombre del Hijo (cruz en el pecho) y en el nombre del Espíritu Santo (cruz a derecha e izquierda del muñeco), yo te bautizo (nombre del ser querido).
No eres un muñeco, eres el espíritu vivo, el cuerpo, el alma, los cinco sentidos, la naturaleza viva y el cerebro de (nombre).
Que así sea.

Clava la aguja en la zona del corazón, diciendo:

"Solo a mí, (tu nombre), dedicarás tu amor, afecto y fidelidad, en esta vida, de ahora en adelante".

Envuelve al muñeco con la cinta de la cabeza a los pies, diciendo:

"(Fulano), a partir de ahora estás ligado a mí en esta vida por el poder de Erzulie".

Finaliza el ritual haciendo 3 nudos en la cinta rosa mientras haces tu petición. Coloca el muñeco sobre el velo de Erzulie (si no está rayado, se puede imprimir y colocar sobre una tela rosa), con las velas encendidas en la cabecera, colocando la vela rosa en el centro.

Para complacer aún más a Erzulie, rocía la habitación con esencia de rosa y coloca una copa de champán junto al muñeco como ofrenda. Reafirma tus peticiones todos los días. Cuando se apaguen las velas, guarda la muñeca bien escondida en tu dormitorio.

Preparar un altar básico.

Prepara una pequeña mesa de madera, cubierta con un mantel blanco. Coloca un vaso de agua sobre la mesa. En un cuenco de cristal, mezcla un poco de tierra con sal gruesa. Enciende una vela blanca al lado. Añade algunas piedras de cristal al altar. Algunas personas optan por colocar fotos de sus antepasados o flores frescas. También puede colocar el símbolo (vevê) de una loa, como Damballa. Coloque un paño verde claro o blanco sobre el altar para armonizar las energías.

El símbolo de Damballa es el siguiente:

En el altar, puedes ofrecer un vaso de ron, encender cigarrillos, colocar huevos duros, flores y coco. Utiliza velas blancas para complementar la ofrenda.

La serpiente cósmica Damballa, o Dambalá, es una figura de gran poder. En las tradiciones que la consideran creadora, se cree que formó el universo utilizando sus 7.000 espirales para crear las estrellas y los planetas del cielo, así como para moldear las colinas y los valles de la Tierra. Esta información está extraída de mi libro "Dimensiones Oscuras y Sistemas Mágicos".

Saludos:

*Me roi e 'Damballah Ouedo, ou ce gran moun, ho, ho, ho, me roi e'.
Damballah Ouedo ou ce 'gran moun la k'lle ou.*

(Mi rey es Damballah Ouedo. Eres Grande, ho, ho, ho, mi rey es.)

Pedir un favor a los loas

Coloca una vela en cada esquina del altar:

Al norte una vela amarilla, al oeste una vela azul, al sur una vela verde, al este una vela roja.

Coloca una vela negra en el centro del altar. Coloca un vaso de agua entre las velas negra y azul. Coloca un trozo de papel con tu petición junto a la vela roja.

Enciende la vela amarilla y di:

"Espíritu Santo de la cruz del norte iluminada, ¡ven!".

Enciende el azul diciendo:

"Espíritu Santo de la cruz occidental iluminada, ¡ven!".

Enciende el verde y di:

"Espíritu Santo, la cruz del sur iluminada, ¡ven!".

Enciende la vela roja y di:

"Espíritu Santo de la cruz iluminada, ¡ven!".

Por último, enciende la vela negra y di:

"Espíritus sagrados del vudú, escuchadme, venid a mí".

Toca el vaso de agua con la mano derecha y di:

"Médium de los espíritus sagrados, aguas arriba y abajo, mundos de los espíritus de los muertos y los océanos, estoy aquí para servirte".

Mira el papel con tu petición y di:

"¡Oh luz, no hay tinieblas! Estamos en presencia de la luz eterna".

Reza la siguiente oración:

*"Poderosos espíritus vudú, lo que deseo recibir de vosotros está escrito en este papel. Os pido que me ayudéis a obtener lo que tanto deseo.
Sé que podéis ayudarme, así que aquí está mi ofrenda"*.

Frota las palmas de las manos y canaliza la energía hacia el altar. Bebe el vaso de agua, que ahora está cargado con la energía de los espíritus. Apaga las velas y retíralas del altar en el siguiente orden: negro, rojo, verde, azul y, por último, amarillo. Aplauda y diga:

"¡Está hecho! Espíritus santos.

Guarda las velas. El papel con el deseo puede guardarse en un cajón y leerse todos los días para reavivar el deseo. Repite el ritual siempre que lo desees.

Otro ritual para pedir ayuda.

Realiza el ritual al amanecer, mientras ves salir el sol, después de darte una ducha fría. Enciende incienso y una vela azul e invoca a Legba, pidiéndole que venga en tu ayuda.

*"Le ruego a Legba que venga y me ayude con este trabajo.
Quiero conocer los secretos espirituales. Soy Luage, tu hermano gemelo aquí en la tierra. Te lo ruego, Señor del conocimiento, ofréceme tu ayuda".*

Medita un poco.

Si quieres que las energías de Legba fluyan a través de ti como médium, dilo:

*"Quiero ser útil, ser su caballo, señor Legba.
Úsame como foco de tu energía y dirígela a quien la necesite".*

Maldición vudú.

Aniquilar a un enemigo.

Ingredientes: 6 velas negras, incienso de almizcle, el pelo de tu adversario, una foto de esa persona, vinagre, un vaso negro (o uno pintado con pintura acrílica), una toalla negra.

Instrucciones:
Para este ritual de venganza, utiliza un mantel negro en el altar en lugar del blanco tradicional. Enciende el incienso y las velas negras. Coloca el vaso con vinagre sobre el altar. Luego di:

"Conjuro e invoco las loas de la destrucción".

Mira la foto y dirige tu odio hacia ella, pon la foto en el vaso de vinagre. Imagina a la persona sufriendo.

Dilo:

"Espíritus de las tinieblas encuentren a (nombre del enemigo), destruyan su vida".

Coge las velas una a una y vierte unas gotas de cera en el vaso, por ejemplo:

"Encuentra (nombra) espíritus de destrucción, llena sus mentes de dolor y sufrimiento".

Pon el pelo de la víctima en el vaso. Di:

"Te conjuro (nombre de la víctima), que la destrucción y el dolor entren en tu vida, que los espíritus de la oscuridad aturdan tu cuerpo con su venganza".

Apaga las velas (las volverás a utilizar la noche siguiente).

Deja el altar así durante una semana, repitiendo el ritual cada noche.

Hechizo vudú simple para dominar a alguien.

Compra una vela blanca gruesa (de las que duran siete días) y engrásala con aceite dominador. Espolvorea la vela con sal y alcanfor en polvo. Enciende la vela y déjala arder. La tercera noche, recoge el polvo restante de la vela y espárcelo por el camino por el que suele pasar la persona objetivo.

Receta para aceite dominador:

Mezcla rosas, incienso, madreselva y vetiver (*Vetiveria zizanoides*) en un mortero y tritúralos hasta obtener un polvo. Si no consigues las hierbas, puedes utilizar aceites esenciales de rosa, madreselva e incienso y mezclarlos como alternativa.

Hechizo vudú para destruir al enemigo.

Recoge telarañas de algún lugar de tu casa y forma con ellas una pequeña bola. Guárdala en un paño negro. Busca una mosca muerta y colócala dentro del paño, envuelta en las telarañas, simbolizando a tu enemigo. Escribe en un papel la siguiente afirmación:

"Norte, sur, este, oeste, las telarañas lo atraparán.
Este, oeste, norte, sur, ata sus miembros, ata su boca, sella sus ojos y detén su respiración, envuélvelo en las telarañas de la muerte".

Dobla el papel y colócalo sobre la tela negra. Utiliza la tela para hacer una bolsa (gris gris) y cósela para cerrarla. Guárdala debajo de un mueble de tu casa y deja que acumule polvo. Al cabo de unas semanas, coge la bolsa negra y quémala cerca de la casa de tu enemigo.

Influenciar a alguien a distancia

Para influir o controlar la mente de otras personas, puedes invocar a los loas. El ritual consiste en crear un cuadrado mágico que contenga el nombre de la persona sobre la que se quiere influir, mientras se visualiza claramente su aspecto.

Tienes que crear un cuadrado mágico que contenga el nombre de la persona sobre la que quieres influir, mientras visualizas su aspecto. El cuadrado mágico se hace de la siguiente manera:

Se construyen líneas periféricas:

```
J U A N
U     A
A     U
N A U J
```

Colocando el nombre escrito delante de las cuatro direcciones: Este, Sur, Oeste y Norte.

Rellena el interior cruzando el cuadrado en diagonal desde abajo a la izquierda hasta arriba a la derecha con la letra de ambos lados:

```
J U A N
U   N A
A   N U
N U A J
```

Rellena los espacios restantes con la letra de cada lado de la línea inclinada:

```
J U A N
U A N A
A N A U
N A U J
```

Una vez terminado el cuadrado, hay que impregnarlo de la intención mágica que se quiere inducir en la persona, y esto se hace en cada una de las cartas:

"¡Impregno este cuadrado mágico con el poder de mi mente!"

Una vez impregnado el cuadrado, se coloca en el altar con las velas. En lugar de un vaso de agua, se coloca un vaso de alcohol (ron, coñac, vino aromático, etc.) entre las velas azules y negras, y el cuadrado mágico entre las velas negras y rojas. Se encienden las velas en el orden habitual y, a continuación, se lee cada una de las palabras del cuadrado de arriba a abajo y de izquierda a derecha.

Estas palabras se ofrecen a los espíritus cuando se pronuncian.

Dilo:

"¡Poderosos espíritus loa! Yo, vuestro Sacerdote y servidor, deseo controlar la mente de (nombre). ¡Aceptad el cuadrado mágico como ofrenda de mi servicio! Tomo en mi ser los poderes mágicos de los poderosos e invisibles espíritus, ¡presentes aquí y ahora!"

Sorbe la bebida y siente el poder de los espíritus fluyendo a través de ti. A continuación, devuelve la copa al altar y apaga las velas en el orden inverso al que las encendiste, diciendo:

"¡Espíritus Loa, reunid en vuestro reino este cuadrado mágico y la intención de mi voluntad!".

Cuando el iniciado necesita una pareja del sexo opuesto para compartir su vida y su trabajo mágico, utiliza esta práctica para atraer a la persona que desea. Para ello, es fundamental armarse de paciencia y hacer una elección cuidadosa, teniendo en cuenta no solo el aspecto físico, sino también otros factores importantes, como la personalidad y el carisma.

El mago utilizará el método descrito anteriormente para visualizar a la persona que desea y, a continuación, colocará el diagrama debajo de la taza con la bebida:

Vevé de Èzili Freda, una de las manifestaciones de Erzulie.

Antes de beber el líquido de la taza, di:

"¡Espíritus poderosos, dadme los poderes de atracción necesarios para que (amada) se una a mí!".

Muñeco vudú - Hechizos

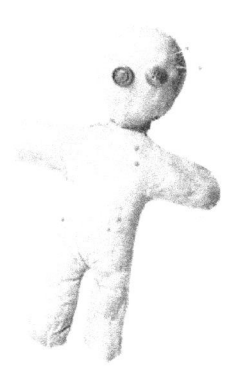

La finalidad del muñeco es representar a la persona a hechizar, creando una conexión energético-espiritual con ella, ya sea a través de objetos personales, raspaduras de uñas o mechones de pelo. Tradicionalmente, las muñecas se hacían de tela o barro, porque mitológicamente se cree que todos venimos de la tierra, y el barro contiene elementos comunes a nuestro organismo. Sin embargo, en el siglo XXI, se puede optar por utilizar masa FIMO, un tipo de plastilina fácil de trabajar que se endurece de forma natural, no solo en el horno.

Esta pasta de modelar se vende en todo el mundo y la fabrica la empresa alemana Staedtler Fimo. Al igual que la plastilina y la arcilla, está compuesta por partículas de cloruro de polivinilo (PVC). Su principal característica es que se endurece permanentemente al cabo de un tiempo. La masa beige, similar al color de la piel, es la más adecuada para fabricar muñecos vudú.

Si no tienes conocimientos de escultura, puedes utilizar moldes. Puedes encontrarlos en eBay, Aliexpress o en tiendas de manualidades.

En la cabeza del muñeco, si quieres que se parezca a la persona objetivo, puedes poner incluso una foto suya. Es importante innovar y hacer algo único.

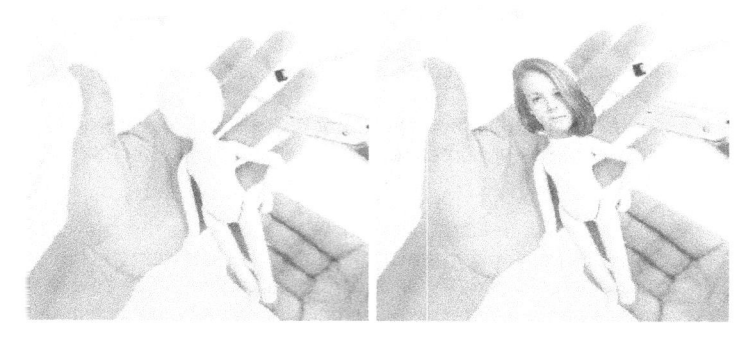

Muñeca sin foto, muñeca con foto recortada y pegada. Hoy en día, es bastante fácil conseguir fotos de otras personas en las redes sociales.

La masilla "FIMO" permite introducir en su interior objetos personales de la víctima al moldear el muñeco (recortes de uñas, mechones de pelo, pequeñas piezas de ropa, etc.) mientras la masilla sigue siendo maleable.

Te recomiendo que siempre hagas tus propios muñecos, en lugar de comprarlos ya hechos en una tienda esotérica. Es esencial seguir el proceso de creación paso a paso, implicando tu energía personal en el proceso.

Ingredientes:
Sangre de pollo para escribir, masilla FIMO, pincel, 9 alfileres, un poco de tierra del cementerio, raspaduras de uñas o mechones de pelo de la persona, un paño negro y otro rojo, hilo negro, un bisturí y una foto de la persona objetivo.

82

Instrucciones:
Un jueves o viernes a medianoche, reúne los ingredientes. Si el muñeco está destinado a dañar a un enemigo, mezcla tierra de cementerio con arcilla de modelar. Para asuntos amorosos, añade polvo de raíz de mandrágora.

Modelar un muñeco con la pasta de modelar, utilizando un molde si es necesario. Con un bisturí u otro objeto afilado, haz un corte en el vientre del muñeco e introduce objetos personales de la persona, como mechones de pelo, restos de uñas o un pequeño trozo de ropa. Si se trata de un enemigo al que deseas causar sufrimiento o enfermedad, añade tierra de cementerio.
A continuación, sella la pasta de modelar.
Coloca una foto de la persona en la cabeza del muñeco.

No olvides también el sexo de la muñeca, si es mujer, debe tener pechos y vagina.

Haz la siguiente invocación:

"Jimáguas, Ifá Negre, escuchadme.
Ibo-Lelé, Agouetarroyo, Simby Endeaux Aux, Barón Samedi, poder del mal, poder del cementerio, invoco a Damballa,
Dambala te ruego que se cumpla mi deseo.
Ogun Negre, que se cumpla mi deseo".

Pon el muñeco boca arriba y, con el pincel y la sangre de gallina, escribe el nombre de la persona en la parte posterior del muñeco. Si el muñeco está destinado al mal, envuélvelo en tela negra; si es para ataduras sexuales, utiliza tela roja. Da siete vueltas con el hilo negro, atándolo bien. Luego clava los alfileres en la zona sobre la que quieras influir.

Atención: si clavas los alfileres primero, no podrás envolver bien la muñeca. Así que métalos después. Incluso con la muñeca envuelta en tela, puedes hacerte una idea de la región del cuerpo donde introducirás los alfileres.

Si pones los alfileres en la cabeza, es para influir en la mente de la persona. Si los clavas en el corazón, es para causar dolor o un deseo ardiente (haz tu petición en consecuencia). En la región sexual, puede utilizarse para provocar deseo, impotencia, enfermedad, entre otros efectos.

Entierra el muñeco cerca de la casa de la víctima.

Otros métodos más sencillos y rápidos de hacer muñecos.

Haces un muñeco de arcilla para representar a la víctima que quieres maldecir.

Introduce en la arcilla unos mechones de pelo, restos de uñas o un trozo de ropa de la víctima. A continuación, coloca el muñeco bajo el canalón del tejado en un día lluvioso; el agua se escurrirá y romperá el muñeco. De este modo, la persona se verá influida por el hechizo y su salud empezará a deteriorarse.

A veces, en lugar de arcilla, se utilizaba tabatinga, un compuesto arcilloso resultante de la mezcla de materiales raros encontrados en el fondo de estanques y ríos.

Algunos hechiceros negros llegaron a fabricar muñecos con piel de cerdo (sin pelo) que parecían muy realistas.

Un método sencillo consiste en clavar clavos en el muñeco y enterrarlo cerca de la casa de la víctima. El elemento más eficaz es el odio del mago (bokor), que crea un vínculo mental con la víctima, o la propia creencia de la víctima en el hechizo (efecto nocebo).

Para el amor ardiente

Prepara un muñeco y úntalo con miel, colocando en su interior elementos de tu ser querido. A continuación, rodea el muñeco con 9 velas rojas y 9 guindillas.

Pide ayuda a la loa del amor, normalmente Erzulie Freda o Erzulie Dantor.

Para dar las gracias, ofrezca champán o vino rosado Erzulie, licor de anís, lirios o dulces de miel.

Para ascender en el trabajo

Crea un muñeco que te simbolice y rodéalo con 10 velas verdes y 10 azules, alternando los colores. Pide ayuda a la loa del dinero, Azaka Medeh, que representa la agricultura y la abundancia, o a Ogoun, que, aunque es un guerrero, también puede invocarse para alcanzar el éxito financiero.

Muñeco para atraer el dinero

Este muñeco te representará a ti mismo, para atraer dinero a tu vida.

Objetos: muñeco vudú hecho con un palo (al estilo de Nueva Orleans), tela de franela verde, 3 monedas de céntimo antiguas, 3 monedas de diez céntimos, un billete de banco (de tu país), 3 ramas de canela, 3 clavos, 3 pimientas de Jamaica, 1 nuez moscada entera, 1 campanilla dorada, 1 alfiler con cabeza verde, 3 caramelos.

Instrucciones:

Envuelve todos los objetos en la franela verde y pégala al muñeco de vudú. A continuación, envuelve el muñeco con más tela y sella los objetos. Sujeta la campana dorada a la parte exterior del muñeco con un alfiler de cabeza verde. Empieza a balancear el muñeco con la mano no dominante (con la que no escribes) durante nueve minutos, repitiendo las siguientes palabras:

"Legba, abre la puerta y despeja mi camino.
Tráeme dinero y oportunidades para ganar dinero.
Elimina todos los obstáculos para mí.
En agradecimiento, te ofrezco estos dulces.
Gracias, Papá Legba, por tu ayuda".

Ve a un cruce de caminos y lanza tres caramelos al centro como ofrenda a Legba. Cuando llegues a casa, coloca el muñeco vudú del hechizo del dinero sobre una mesa. Deja tu monedero, cartera o bolso cerca del muñeco mientras estés en casa. El dinero llegará a tu vida.

Hechizo de venganza con los Djab:

Objetivo: utilizar el poder de un espíritu Djab para atacar a un enemigo, debilitándolo y causándole daño espiritual o físico.

Ingredientes: una vela negra, un trozo de papel con el nombre del enemigo, azufre en polvo, un muñeco de trapo (que representa al enemigo), guindilla en polvo, ron fuerte mezclado con guindilla, agujas o alfileres de metal, tiza y un recipiente de barro o "govi".

Dibuja un círculo alrededor del altar con harina o tiza para delimitar el espacio ritual. Coloca la vela negra en el centro del altar y dispón los demás ingredientes a su alrededor.

Escribe el nombre del enemigo en el trozo de papel e introdúcelo dentro del muñeco de trapo, diciendo en voz alta que el muñeco representa ahora al enemigo.

Enciende la vela negra y ofrece ron mezclado con guindilla al Djab, pidiéndole que atienda tu llamada para castigar al enemigo.
Puedes recitar algo como:

"¡Oh Djab, espíritu feroz y vengativo, escucha mi llamada!
[Nombre del enemigo] me ha causado desgracia, ahora sentirá tu furia.
Golpea y destroza su vida con tu poder implacable".

Espolvorea el muñeco con azufre y guindilla, visualizando al enemigo sufriendo. Luego coge las agujas o alfileres y clávalos en el muñeco, diciendo:

"Con cada pincho, te debilito, [nombre del enemigo].
Con cada dolor, sentirás la fuerza del Djab derribándote.
Nada te salvará".

Mantén el muñeco sobre la llama de la vela y gotea ron mezclado con guindilla sobre él mientras recitas:

"¡Djab, escucha mis órdenes! Destruye las defensas de [nombre del enemigo], que su vida se desmorone. ¡Nada le protegerá de tu ira!"

Una vez completado el ritual, entierra el muñeco en un lugar alejado de tu casa o en un cementerio, mientras haces la última ofrenda al Djab:

"La tierra se lo lleva, y el Djab lo destruye".

Apaga la vela y vierte el resto del ron en el suelo como ofrenda final al Djab. Después del ritual, es importante hacer una limpieza espiritual para protegerse de cualquier posible energía retrógrada.

Ofrece siempre algo a Djab al final, como ron o tabaco, para sellar el pacto temporal y evitar su ira.

Bolsa para embrujar a alguien

Ingredientes: un trozo de franela roja, planta de *Ailanthus* (*Ailanthus altissima*), 9 alfileres, restos de pelo o uñas de la persona a hechizar, **polvo Goofer**.

Procedimiento:

Haz una bolsita con la franela roja y mete dentro el pelo de la persona, enrollado alrededor de los 9 alfileres, así como trozos de la planta de Ailanthus.

Si no tienes mechones de pelo o restos de uñas, añade una prenda de ropa, un pendiente, el nombre de la persona, una foto o cualquier objeto que tenga relación con ella. Incluye también Goofer Dust (receta en este libro). Después entierra esta bolsita gris cerca de la casa de la persona objetivo.

Mini ataúd para causar la muerte

Objetos: compra un mini ataúd en una tienda esotérica. Haz un muñeco vudú de la persona que quieras hechizar, así como 2 velas negras y un aceite o polvo maldiciente (receta en este libro).

Instrucciones: Coloque el muñeco vudú que representa a la persona que va a ser golpeada dentro del mini ataúd. Si tiene alguna pertenencia de esa persona, como mechones de pelo, una prenda de vestir, un anillo, un pendiente o una foto, introdúzcalos también. Enciende las dos velas negras, una a cada lado del ataúd. Engrasa las velas y el ataúd con aceite.

Ahora pide ayuda a las tres loas de los muertos y los cementerios:

"Zo wan-me sobadi sobo kalisso Maître-Carrefour, mwe mem kiriminel.
M'a remesye loa-yo Baron Samedi, l'uvri baye mwe.
Baron Cametière, l'envoi morts".

Lo que significa algo así como:

J'appelle la voie avant Maître Carrefour, je remercie les loas, notamment Baron Samedi, Baron Cimetière, je vous envoye une personne(s) morte(s).

Luego entierra el mini ataúd en un cementerio. Recuerda siempre dejar una ofrenda al Barón Samedi en señal de respeto, que incluya unas monedas y un vaso de ron.

Curiosidades:

Muchos practicantes del vudú son enterrados con una ceremonia católica, reflejo del sincretismo entre vudú y catolicismo. Puede incluir una misa u otros rituales católicos, como la lectura de oraciones y la realización de bendiciones.

Tras la muerte, es habitual celebrar una vigilia que dura nueve días. Esta práctica es una forma de honrar y guiar el alma del difunto en su viaje al más allá.

La novena noche de la vigilia se conoce como "denye priye", que significa "última oración". Es el momento culminante de las ceremonias católicas asociadas al funeral. Tras el "denye priye", concluye la parte católica del funeral, lo que permite centrarse en los rituales vudú propiamente dichos, como la preparación del alma para su descanso final y su integración en los rituales espirituales de los antepasados.

Se considera que los huesos de los difuntos, especialmente los de aquellos que desempeñaban un papel importante en la comunidad, como los houngans (sacerdotes) y las mambos (sacerdotisas), tienen un gran poder mágico. Debido a estos riesgos, muchas familias y comunidades adoptan medidas de protección para las tumbas. Esto puede incluir la construcción de estructuras resistentes, la colocación de candados en las vallas e incluso la instalación de sistemas de seguridad alrededor de los cementerios para proteger los restos de la profanación.

En el vudú haitiano, es habitual llevar el ataúd en zigzag o en curvas por el cementerio antes de enterrarlo. Esta práctica sirve para "despistar" al espíritu del difunto, impidiéndole encontrar el camino de vuelta a casa. Esta tradición refleja la creencia en la necesidad de guía y protección espiritual durante el proceso de muerte y entierro.

Cuando se entierra al primer hombre en un nuevo cementerio, la tumba se dedica al Barón Samedi. Esta práctica pretende honrar y garantizar la protección del cementerio en su conjunto. Se erige una cruz ceremonial sobre la tumba, que no solo es un símbolo cristiano, sino que también representa la presencia del Barón Samedi. El objetivo es que se convierta en el guardián espiritual del lugar, ayudando a proteger a los difuntos y a mantener el orden en el cementerio. Si el primer difunto es una mujer, la tumba se consagra a Mamman Brigitte.

Posesión: en el vudú haitiano, existen varias formas tradicionales de verificar la autenticidad de una posesión espiritual durante los rituales. Estas prácticas pretenden distinguir entre una posesión auténtica y una fingida. Un método consiste en colocar fragmentos de vidrio en el suelo, donde el médium debe caminar descalzo; si realmente está en trance, no sentirá ningún dolor. Otro método consiste en poner guindillas en los genitales del médium (hougan o la mambo) para ver si siente molestias.

Hoy en día, sin embargo, se utilizan métodos diferentes y más respetuosos para confirmar la autenticidad de una posesión.

Dibujar los Vevês

Los vevés, similares a los sigilos mágicos de Kimbanda, representan el simbolismo de los espíritus (loas) y actúan como "portales de acceso", anclando la energía de estas entidades.
Aunque es posible dibujarlos en el suelo o utilizar un cartel impreso en color, recomiendo la versión tradicional de dibujarlos directamente en el suelo o en una tabla oscura.

Para los loas benévolos, **Rada**, se suelen dibujar con tiza (pemba), cascarilla, o se pueden hacer vevés con harina de maíz.

Para los loas más rebeldes, **Petro**, los vevés se dibujan con pólvora oscura (carbón o ceniza oscura, a veces pólvora y carbón).

Es importante señalar que un loa puede tener más de un símbolo vevé; cada loa puede revelar diferentes vevés al médium (hougan). Además, cada vevé puede representar un trabajo mágico diferente o un aspecto diferente de ese loa. Por ejemplo, Ogoun presenta un lado guerrero (Ogoun Feray) y un lado vigilante y protector (Ogoun Badagris). Del mismo modo, Erzulie tiene el lado Erzulie Freda, asociado al amor y la belleza, y el lado Erzulie Dantor, que simboliza la protección feroz.

Vevê de los Espíritus Ghède

Las cruces, como sostienen algunos, son influencias del sincretismo y hacen referencia a los cementerios. Además, la cruz representa una encrucijada: la línea horizontal simboliza el plano material, mientras que la vertical representa el plano espiritual.

Las dos "V" entrelazadas evocan la "escuadra y el compás" utilizados por los masones (que también tienen logias en Haití), pero aquí simbolizan la unión de los sexos masculino y femenino, representando la creación del ser andrógino primordial.

Los tres escalones o grados de la cruz representan las etapas de la iniciación. El primer grado se refiere a la vida cotidiana y está adornado con herramientas de trabajo como hachas y picos, así como símbolos fálicos. El segundo grado evoca el movimiento creado por el asson (sonajero sagrado) en el aire. El tercer grado, el más alto, simboliza un secreto que solo guardan los iniciados en el sacerdocio y que otorga al portador el don de la "doble visión".

Para la vevê de los espíritus Ghède, puedes ofrecer: velas negras o moradas encendidas, café negro en una taza, comidas picantes, un vaso de ron y puros encendidos.

Vevê de Baron Samedi

Con un simbolismo similar al anterior, la cruz hace referencia a cementerios y cruces de caminos. A ambos lados de la figura hay ataúdes. Las pequeñas estrellas o cruces que rodean la cruz principal representan energías espirituales, incluidos los loas y otros espíritus que colaboran con el Barón Samedi. Las flechas diagonales que apuntan hacia fuera simbolizan la capacidad del Barón Samedi para ejercer control tanto en el plano espiritual como en el físico.

Para el vevê del Barón Samedi, se pueden dejar ofrendas como: velas moradas o negras encendidas, un vaso de ron con una guindilla, un puro encendido, carne cocida y especiada y cacahuetes tostados.

Vevê de Ogoun Ferraille u Ogou Feray

El lado guerrero de Ogoun.

El triángulo de la base representa la unión de los tres grandes ritos: Rada, Petro y Congo Ibó. Este triángulo está subdividido en tres partes, cada una de ellas marcada por "puntos de tensión". La línea vertical simboliza el poteau mitan, la columna que conecta el cielo con la tierra y lo espiritual con lo material. En la parte superior, hay una especie de "techo" que simboliza el tejado de los templos de Hounfort.

En el centro de la línea vertical (poteau mitan), se ven tres bucles que representan cuernos de carnero, símbolo del pensamiento fijo y de la autoridad. Encima, una barra horizontal cruza la línea vertical, simbolizando el equilibrio que debe buscar el iniciado, asistido por la oración que asciende al cielo y desciende (las dos líneas curvas). En la parte superior destaca la estrella vudú, que representa Ifé, la ciudad sagrada de Nigeria.

En el vevê de Ogoun, deja como ofrenda: velas blancas o rojas encendidas, arroz y judías rojas (cocidas), un vaso de ron, maíz, o cigarros encendidos.

Saludo a Ogou Feray:

"Pou Ogou Feray, mistè kap maché sou planèt Mas.
Mèt foj-la, solda, brave, pwojété nou.
Ba-nou pouwa ou. Aksepté ofran'n nou.
Antré nan kè nou, nan bra nou, nan jam'm nou. Antré vin'n dansé avek nou".

Significado:

"A Ogou Feray, misterio que camina sobre Marte.
Maestro de la forja, guerrero, héroe, protégenos.
Infúndenos tu poder. Acepta nuestras ofrendas.
Entra en nuestros corazones, en nuestros brazos, en nuestras piernas.
Entra y baila con nosotros".

Vevê de Ogou Badagris

Estas "rejillas" pueden simbolizar una valla o varios caminos cruzados. Sin embargo, la explicación esotérica de algunos libros sugiere que se trata de un "campo de batalla" espiritual visto desde arriba. Las líneas cruzadas, que forman rombos, y las estrellas de ocho puntas se refieren a la guerra y el poder. Las espirales laterales se asocian con el movimiento y la transición, sugiriendo el dinamismo del combate. Las estrellas representan la energía y la fuerza, mientras que las formas geométricas simbolizan la organización y la disciplina, características asociadas a Ogou como líder militar y estratega. En la base del vevê se ven dos cruces, pero en realidad representan dos espadas.

En la parte superior, el rombo contiene tres estrellas, cuya interpretación puede variar. Desde mi punto de vista, simbolizan los tres aspectos más combativos y conocidos de Ogou: Ogou Feray, Ogou Achade y Ogou Badagris.

Puede dejar ofrendas como una vela roja encendida, puros, ron, frijoles rojos, mangos, piñas y boniatos. Puede invocar a Ogou Badagris para superar retos, enfrentarse a adversarios o abrir caminos en su vida.

Vevê de Aizan (o Ayzian)

Ayzian es la loa que preside la iniciación, la sabiduría y los mercados, y ella misma es una mambo. Se la considera la patrona de los hounforts (templos vudú) y del orden espiritual. Su símbolo está marcado por las dos "V" entrelazadas, que representan el andrógino primordial, cuyas ramas terminan en espirales, símbolo de los ciclos de crecimiento espiritual. La forma de diamante asociada a Ayzian representa la conexión entre los mundos físico y espiritual, una conexión que ella facilita, especialmente en ceremonias de iniciación y rituales para abrir caminos espirituales. El símbolo también tiene algo de sincretismo masónico.

En el centro del diamante se encuentra la hoja de palma con sus venas bien definidas. Para los adeptos del vudú, esta hoja simboliza la unión del hombre con la naturaleza. Durante los rituales de iniciación, la hoja de palma se utiliza para purificar y consagrar a los iniciados, representando la pureza y la sabiduría transmitidas a lo largo de este proceso sagrado.

Se pueden dejar en el vevê ofrendas como un vaso de agua, fruta, dulces, monedas, champán y velas blancas o verdes.

Vevê de Papa Legba

Las líneas cruzadas de la veta son evidentes y simbolizan la encrucijada, siendo Legba el señor de los caminos, el guardián entre los mundos y del destino. A la derecha está el bastón de Legba. Los otros símbolos con una cruz en el centro, aunque parecen rudimentarios, se consideran cerraduras de puertas. Sin embargo, también los veo como una representación de los cuatro puntos cardinales o incluso el símbolo alquímico de la Tierra. En la parte superior e inferior, en posición vertical, hay dos pequeñas hojas, que simbolizan la iniciación y la renovación. Las curvas y espirales de la veta representan el movimiento y la energía fluida de Legba, similares a las espirales con el mismo simbolismo de los puntos rayados de Kimbanda. Las estrellas y asteriscos se refieren a los loas de su linaje o a los guías espirituales.

En la parte superior e inferior hay dos hojas de plátano:

Se cree que las hojas de plátano traen protección, y en algunos casos también se dejan ofrendas a los loas encima de ellas.

En algunos vevés, las espirales se consideran "cuernos de carnero"; en los vevés de loas que tienen una energía más "dominante" o "fuerte", se trata de un símbolo de fuerza, autoridad, superación de retos o incluso protección.

Existen variaciones de este vevê, según la tradición.

En el vevê de Papa Legba, se pueden dejar como ofrendas velas rojas o negras encendidas, carne ahumada, boniatos hervidos, arroz hervido, ron, caña de azúcar, monedas, una pipa y tabaco.

Saludos:

"Pou Legba, gadien pòt Lwa soley. Papa ak patron.
Mistè kafou, sous rélasion visib ak envisib.
Poto Mitan ki monté jis nan siè-la. Aksepté ofran'n nou.
Antré nan kè nou, nan bra nou, nan jam'm nou. Antré vin'n dansé avek nou".

"A Legba, el que guarda la puerta. Dios solar, resplandor de la creación, padre y patrón. Misterio de la encrucijada, fuente de comunicación entre lo visible y lo invisible, el polo central que se extiende desde el sol hasta la tierra. Acepta nuestra ofrenda. Entra, Señor, en nuestros corazones, en nuestros brazos, en nuestras piernas. Entra y baila con nosotros".

Vevê de Erzulie Freda

Es el loa del amor. En el centro hay un corazón segmentado, con cada cuadrado y punto interior representando una fuerza lista para explotar. En la parte superior hay una estrella vudú, seguida de dos lunas crecientes y el bastón de Legba. Esto simboliza que el amor surge de la unión de los principios masculino y femenino, la fusión del agua y el fuego. Las grandes asas laterales representan la necesidad de equilibrio, mostrando que ningún principio debe prevalecer sobre el otro. En la base de la vena hay unos cuernos de carnero invertidos, símbolo de fuerza.

Esta vena se utiliza a menudo en rituales y ceremonias para pedir amor, belleza, lujuria y armonía emocional. Tanto Erzulie Freda como Erzulie Dantor pueden invocarse para satisfacer diversos placeres de la vida. Sus vevês suelen estar decorados con corazones, flores y delicados símbolos, que destacan sus respectivos dominios.

Puedes dejar ofrendas en el vevê, como velas encendidas de color rosa o azul claro, caramelos, champán, arroz hervido o cigarritos.

Mamman Brigitte

Hay varias cruces asociadas a Mamman Brigitte, la loa que gobierna los cementerios y a los muertos, y que es la esposa del barón Samedi. A través de ella, las almas encuentran un pasaje seguro a la otra vida, mientras que los vivos están protegidos de las influencias negativas del reino de los muertos. Mamman Brigitte gobierna a los espíritus de los muertos (ghède) y a menudo se la invoca en busca de protección, guía espiritual o en casos de enfermedad grave, especialmente cuando se cree que la causa es la brujería. También protege las tumbas de los familiares enterrados recientemente.

En el vevê de Mamman Brigitte: velas blancas o moradas, ron con una guindilla dentro, lirios blancos, una taza con café.

Damballah

Damballah tiene varios vevès. En este en particular, podemos ver las dos serpientes: Damballah Wedo y su homóloga femenina, Ayida Wedo, que puede entenderse como pareja o como un aspecto femenino del propio Damballah, enfatizando el concepto de dualismo.

En la cima está la estrella de la ciudad sagrada de Ifé. En el centro se alza el gran mástil que conecta el cielo con la tierra, conocido como el poteau-mitan. Damballah es un loa primordial asociado a la creación y creador de la humanidad. Se le invoca para que traiga paz, sabiduría, protección y curación.

Al invocar a Damballa, los devotos suelen pedir ayuda, renovación y asistencia en tiempos de transición.

Se pueden dejar ofrendas en el vevê de Danballah: velas blancas encendidas, huevos cocidos, flores blancas, un vaso de leche o miel.

Vevê de Carrefour, Kafou

Es importante señalar que puede haber otras variantes. En este vevê, vemos las líneas cruzadas, que representan la encrucijada, así como espirales de energía. Los círculos con una cruz en su interior aluden al símbolo alquímico del planeta Tierra. Las "V" entrelazadas simbolizan la armonía entre dos polaridades (positiva y negativa) o caminos que se cruzan.

Kafou puede invocarse tanto para abrir caminos en la vida de alguien como para provocar bloqueos en los caminos de los demás. Las ofrendas en el vevê incluyen una vela roja encendida, ron mezclado con un poco de pólvora, bourbon, un puro encendido y arroz cocido con frijoles negros.

Nota: El diseño de los vevès depende de ti. Para las loas de la línea "Rada", utiliza tiza o pemba blanca, harina blanca, y puedes dibujar en el suelo, en una pizarra o en una tela.

Para los vevês "Petro", se puede utilizar carbón negro en polvo, ceniza oscura, pemba oscura o ceniza mezclada con café en polvo. Algunos bokor también recomiendan utilizar polvo de ladrillo mezclado con polvo de pimienta negra. El dibujo puede hacerse en el suelo, sobre una tela o sobre una tabla.

Ejemplo de tabla o placa:

Consejo:

Algunas personas dibujan la veve de Legba en un tablero, improvisando una "ouija" para la adivinación, similar al juego del vaso. Para ello, pueden utilizar un vaso pequeño, un anillo o un portapapeles.

Puedes dibujar letras o simplemente escribir "Sí" y "No" en las esquinas. Se trata de un oráculo diseñado para ofrecer respuestas breves y prácticas.

Glosario

Asson: es el símbolo del sacerdocio, un sonajero ritual compuesto por una calabaza hueca decorada con piedras o vértebras de serpiente (que representan a Damballah-Wedo) y pequeños huesos, adornados con cuentas en el mango. El asson se utiliza para invocar a los loas y guiar los rituales. Cuando un hougan es investido formalmente como sacerdote, se dice que ha "recibido el asson". El sonajero también alude claramente al sonido de las serpientes.

Bagi: El templo tiene habitaciones o cámaras individuales llamadas "bagi". Cada bagi suele estar dedicado a un loa o grupo de loas específico, decorado con símbolos y elementos apropiados para cada espíritu. Estos espacios se utilizan para realizar rituales y ofrendas a los loas, además de servir como lugares de meditación y preparación para las ceremonias.

Baptême (batèm)**:** Ceremonia ritual en la que se bautizan o consagran al loa los objetos utilizados en la casa (estatuillas, assón, etc.). También se bautiza a los individuos.

Barón Samedi: La figura central de la familia Ghede es el loa de la muerte, responsable de supervisar la transición entre los vivos y los muertos, ofreciendo orientación sobre el más allá. Sus símbolos son la cruz, el ataúd y el pene, siendo el negro su color predominante. Durante la posesión de sus devotos, muestra un comportamiento irreverente: cuenta chistes atrevidos, hace gestos provocativos, lleva gafas de sol y sombrero de copa, fuma puros, come vorazmente y bebe ron condimentado con 21 pimientos picantes.

El Barón tiene varios aspectos, como el Barón Samedi, el Barón Cemetiere, el Barón la Croix y el Barón Criminel. En todos sus aspectos es un loa masculino con voz nasal, lleva un bastón o bastón de mando y viste de negro o morado. Se le considera el último recurso para las muertes causadas por la magia; aunque un hechizo lleve a alguien al borde de la muerte, si el Barón se niega a cavar la tumba, la persona no morirá.

Barriè: "Barriè" designa una entrada o puerta espiritual que conecta el mundo material con el reino de los loas (espíritus). Puede estar representada por objetos, símbolos o rituales específicos que facilitan la "apertura" de este canal entre los mundos. Esto incluye la disposición de determinados objetos en el altar, la realización de invocaciones específicas y la creación de espacios rituales dedicados.

Bastón-Legba: El Bastón-Legba es un palo largo o bastón que se utiliza en los rituales para representar y honrar al loa Legba, el guardián de las encrucijadas y las puertas espirituales. Este bastón simboliza la autoridad y presencia de Legba, y a menudo se utiliza para invocar su energía y ayuda durante los rituales.

El Bastón-Legba se considera un canal de comunicación con el mundo de los espíritus, que facilita la apertura de caminos y la conexión con los loas durante los rituales. Al igual que los bastones de otras tradiciones, como el cetro de Was o el cetro de Heka en la magia egipcia, el Bastón-Legba se utiliza en las ceremonias vudú para invocar la presencia de Legba y establecer una conexión con los loas. Puede golpearse contra el suelo o utilizarse para realizar gestos específicos que ayudan en la ejecución de los rituales.

Bondyè: Bondyè es el Dios supremo y creador del universo, equivalente al Dios de la tradición cristiana. El nombre "Bondyè" procede de la expresión francesa "Bon Dieu", que significa "Buen Dios". A veces también se le denomina "Grand Maître", que se traduce como "Gran Maestro".

Bokor: Los houngans que practican la magia negra son conocidos como bokors, o "los que sirven a loa con las dos manos". Estos sacerdotes sirven a los loas de las naciones Rada y Petro. A diferencia de los sacerdotes vudú, que realizan rituales de forma pública y respetable, el bokor actúa con discreción, manteniendo en secreto sus conocimientos sobre pociones y venenos, evitando así la desaprobación de los devotos tradicionales del vudú. El bokor no posee un houmfort (templo) ni dirige una sociedad espiritual, sino que presta sus servicios de forma comercial a cualquiera que esté dispuesto a pagar. El bokor se asocia a menudo con el vudú makaya y, en el contexto del vudú ortodoxo, el término se utiliza a veces peyorativamente para describir a los practicantes considerados "brujos".

Carrefour (o Kafou): es un loa de gran importancia, vinculado al poder y a la transformación tanto a nivel material como espiritual. Su nombre, "Carrefour", significa "encrucijada" en francés, simbolizando su papel crucial en la intersección de caminos, tanto físicos como espirituales. Carrefour se asocia con la luna, las encrucijadas y la brujería. Se le considera hermano de Papa Legba.

Cheval: significa literalmente "caballo" y se refiere al médium que incorpora los loas durante los rituales. Este término también se utiliza en otras tradiciones espirituales, como la Umbanda. El "caballo" sirve de vehículo para la interacción entre el mundo de los vivos y el de los espíritus, lo que permite a los loas transmitir orientación, curación y bendiciones. Durante la incorporación, se dice que el loa "monta" al médium, fenómeno conocido como "Monter la tête".

Clairin (o Kleren): un tipo de ron artesanal, generalmente transparente, muy apreciado y utilizado a menudo en rituales y ofrendas a los Ghede loas. Este ron se produce fermentando caña de azúcar o, a veces, otros ingredientes como la miel. Es conocido por su pureza y sabor característico, y se valora tanto por su calidad como por su importancia espiritual.

Connaisance (o Konesans): significa "conocimiento" o "enseñanzas" y se refiere a los conocimientos transmitidos oralmente entre los hougans (sacerdotes) y las mambos (sacerdotisas). Estos conocimientos incluyen prácticas espirituales, secretos rituales, símbolos e historias relacionadas con los loas. Las tradiciones se transmiten oralmente de generación en generación, preservando así su autenticidad y manteniendo un cierto nivel de secreto.

Débâtement: Se refiere a los movimientos bruscos o convulsiones que se producen durante el trance de incorporación del médium (caballo). Esta etapa está marcada por una lucha interna, en la que el médium se enfrenta a una resistencia antes de que el loa sea capaz de tomar el control total. El débâtement suele cesar cuando el loa establece completamente su dominio sobre el cuerpo del médium, finalizando el proceso de incorporación.

Dessounin (o Desounin): derivado del francés y que significa "desmontar", es un ritual de purificación del vudú haitiano que pretende limpiar el espacio y a los participantes de energías negativas, favoreciendo la renovación espiritual y física.

Desounen: el nombre es similar y se trata de un ritual idéntico, pero pensado como rito funerario, en el que se purifica el alma del difunto y se le envía al más allá para que tenga una transición tranquila.

Djab: Este término, que deriva del francés "diable", se refiere a entidades agresivas que, aunque similares a los loas del linaje Petro, no están necesariamente vinculadas a esa nación. Durante la revolución haitiana, se creía que los djabs conferían inmunidad a los esclavos contra las balas, lo que subrayaba su importancia simbólica y espiritual. Un concepto similar se encuentra en la tradición islámica con los "genios" o "Djin". Otros espíritus similares son los báca (o Baka), espíritus menores de naturaleza negativa, algunos de los cuales pueden ser elementales creados por una bruja bokor.

Djévo: Durante el ritual kanzo, los iniciados son conducidos a una cámara dentro del hounfort llamada "djévo", donde permanecen aislados durante una semana. Esta habitación simboliza una tumba, representando el proceso en el que el iniciado "muere" y "renace" en el vudú. Un ritual similar se encuentra en la masonería, en el "Rito del Ataúd". Lo que ocurre dentro del djévo se mantiene en secreto, pero es en este espacio donde tiene lugar el ritual conocido como "laver tête".

Garde: Una "garde" es un talismán o amuleto con propiedades mágicas, utilizado para la protección espiritual y física. Este objeto puede incluir inscripciones, símbolos u otros elementos que le confieren poder ritual. La garde puede adoptar la forma de muñecos, amuletos u objetos consagrados, todos ellos destinados a proteger al individuo o el espacio de influencias malignas. En francés, "garde" significa "guardar" o "proteger".

Ghede o **Guédé:** grupo de loas formado por numerosos espíritus de los muertos y separado de los grupos Rada y Petro. Estos loas representan la muerte, la sexualidad y la bufonería. También son curanderos de los enfermos y protectores de los niños. Sus colores son el negro y el morado, y suelen tener devotos cuando llevan trajes elaborados con grandes sombreros, gafas de sol y bastones, o cuando se disfrazan. Fèt Gede (o Fet Gede) es una importante celebración del vudú haitiano dedicada a los Gede (Guédé), que tiene lugar el día de los difuntos (1 y 2 de noviembre) debido al sincretismo.

Gris Gris: Un gris gris es un amuleto o talismán, a menudo compuesto por una pequeña bolsa que contiene hierbas, piedras, metales u otros objetos con significado simbólico o mágico. Puede utilizarse como protección, para atraer la suerte o para influir en acontecimientos y situaciones. El gris-gris puede ser un componente de una wanga, preparándose y utilizándose dentro de un ritual más amplio para lograr un objetivo específico. Algunos fetiches, amuletos, gris-gris o muñecos pueden "cargarse" de energía mediante la exposición a la luz de la luna (deben recogerse antes de la salida del sol), recitando una oración invertida o utilizando la sangre de un animal.

Govi: Recipientes sagrados utilizados para almacenar y proteger los espíritus de los antepasados y otros elementos espirituales. Los govi suelen contener elementos simbólicos como tierra, agua, hierbas, huesos u otros elementos con significado espiritual, y se utilizan para invocar y honrar a los loas. A veces se consagra la vasija govi, donde el espíritu del antepasado o familiar se instala y pasa a denominarse "esprit" (espíritu). Estos espíritus ancestrales son venerados y pueden ser consultados o invocados en rituales. El govi sirve de canal de comunicación entre el mundo material y el espiritual, facilitando la interacción con el espíritu consagrado. Este método también protege la parte humanizada del alma, llamada "Ti bon ange", de ser transformada en zombi astral por algún hechicero.

Es importante señalar que la esencia "Ti bon Ange" se conserva en el vaso govi y no el alma espiritual "Gros bon Ange".

Gros-bon-Ange: Gros-Bon-Ange (o "Gran Ángel Bueno") es una de las partes del alma humana, aunque no representa la totalidad del alma. Este concepto se refiere a la esencia pura y sagrada del ser humano, que mantiene un contacto directo con el mundo espiritual. Puede considerarse una expresión del "yo superior".

Hoholi: semillas de sésamo que se colocan en un ataúd para proteger espiritualmente al difunto, simbolizando la pureza, la protección y la conexión con fuerzas espirituales que alejan las influencias negativas. Sin embargo, el significado exacto puede variar según la tradición específica dentro del vudú y el tipo de ritual realizado.

Hounfort (houmfor, hunfor)**:** Es el templo vudú donde tienen lugar los rituales y las reuniones de la sociedad. Cada hounfort está dirigido por un hougan o un mambo. El templo debe incluir elementos esenciales para los rituales, como una casa cuadrada junto al peristilo, que alberga los altares de los loas.

Hougan: El sacerdote masculino es conocido como hougan o houngan. Actúa como líder espiritual e intermediario entre los loas y los humanos, y es una figura respetada en la comunidad. Al igual que los chamanes, el hougan puede recibir orientación y mensajes de los loas a través de sueños, intuiciones y visiones.

Hounsi: Se refiere a los iniciados, hombres y mujeres, que sirven a los loas. Ocupan una posición por debajo del hougan o mambo en la jerarquía y ayudan en los rituales. Existen diferentes niveles de hounsis, que pueden progresar con el tiempo y la experiencia. Tras la iniciación, la hounsi puede participar más activamente en los rituales, como miembro del coro de cantores, por ejemplo.

Lambi: gran caracola utilizada como instrumento de viento en las ceremonias vudú, que emite un sonido grave y profundo. Se asocia especialmente a los rituales vinculados a los lamas del mar, como Agwé, el espíritu de las aguas.

El sonido del lambi evoca la presencia de estos espíritus y sirve para llamar su atención durante las ceremonias, simbolizando la conexión con el mundo acuático y sus fuerzas.

Legba: Considerado el loa más poderoso, Legba es el guardián del portal entre el mundo físico y el espiritual, donde habitan los loas. También simboliza el sol. Todos los rituales comienzan con una invocación a Legba, porque sin su permiso, ningún otro loa puede pasar entre los planos. A menudo se le llama "Papá Legba", una forma respetuosa y cariñosa de referirse a él, que subraya su papel de figura paterna y sabio. Legba desempeña un papel similar al de Eshú en Umbanda y Kimbanda, y siempre es venerado en primer lugar antes de cualquier ritual en el que participen otros Orishás. Sus ofrendas sacrificiales incluyen huesos y tuétano de animales, especialmente gallos y cabras.

Ejemplo de saludo a Papa Legba en la apertura de cualquier ceremonia:

"Papa Legba luvri baye pu loa yo, Legba nan baye , Legba nan houn fort mua, Cé ou qui poté drapo, Ce ou Ka paré soley pu loa yo."

"Papa Legba abre la barrera para los loas, Tú eres el que guarda la puerta, el que vigila el templo, solo Tú vigilas a los loas, oh abanderado, y los proteges del calor del sol".

Maît-tête (mèt tèt): significa "maestro de la cabeza" y designa al loa principal que rige la vida de un devoto en el vudú haitiano. Este loa actúa como guardián espiritual, guiando y ofreciendo protección a lo largo de nuestra existencia. Cada persona tiene un maître-tête, que desempeña un papel crucial en su viaje espiritual, moldeando su personalidad, sus decisiones y su destino. El concepto de Maît-tête es análogo al de Orisha de la cabeza en las religiones de origen africano, como el Candomblé y la Umbanda.

Mangé Loa: Este ritual vudú consiste en invocar a un loa específico para ofrecerle alimentos, incluidos sacrificios de animales, y solicitar su presencia en la tierra. Conocido como "alimentar a los dioses", el "mangé loa" es una ceremonia en la que las ofrendas se colocan en un véve dentro del hounfort o en un cruce de caminos cuando se realiza al aire libre. Al alimentar a los loas, los devotos fortalecen y dan energía a los espíritus, promoviendo una conexión más profunda con la deidad invocada. Las bebidas favoritas, como el ron Barbancourt o el clairin, se vierten tres veces en el suelo como libación.

Marinette: Es una figura poderosa y temida, loa Petro, asociada a la magia, el fuego y la transformación.

Ogoun: Ogoun es un poderoso dios guerrero, símbolo de fuerza, poder y masculinidad, asociado a la guerra, el fuego, el rayo, la política y la metalurgia. Su color es el rojo y su símbolo la espada. En el hounfort (templo), se le representa mediante una llama continua con una barra de hierro clavada en el centro, y en los rituales por el ku-bha-sah. Los sacrificios a Ogoun incluyen gallos rojos y ron, que se vierten en el suelo y se prenden fuego. Los poseídos por Ogoun visten ropas rojas, llevan espadas o machetes y fuman puros. Este dios es equivalente a Ogum en las religiones afrobrasileñas.

Pakèt (o Paket)**:** Fetiche o amuleto consagrado con hierbas, piedras y otros objetos simbólicos. Se utiliza en rituales para proteger o atraer energías.

Peristilo: El peristilo es el espacio, abierto o cubierto, dentro de un templo vudú (hounfort) donde tienen lugar los rituales y las ceremonias. Este lugar central se dedica a bailar, cantar e invocar a los loas, y suele organizarse en torno al poteau-mitan, el pilar que simboliza la conexión entre el mundo material y el espiritual, por el que descienden los loas.

Servir a Deux Mains: Literalmente significa "servir con las dos manos", este término se refiere a una persona que sirve tanto a la Rada como a los loas Petro, practicando también la magia negra.

Société: Una "société" es una comunidad de practicantes, dirigida por un hougan o mambo, dedicada al culto y los rituales de los loas. Aunque es similar a un aquelarre en términos de organización ritual y espiritual, la société es más amplia y a menudo incorpora lazos comunitarios y familiares. Este grupo está muy centrado en preservar las tradiciones y servir a los espíritus.

Tè: Tierra sagrada, utilizada en rituales para simbolizar la conexión con el mundo espiritual y ancestral. A menudo asociada a lugares de importancia espiritual, ancestral o religiosa, puede incorporarse a amuletos o fetiches para transmitir sus propiedades espirituales. La tierra de cementerio, sobre todo cuando se utiliza con intenciones negativas, puede vincularse a prácticas de magia negra o hechicería oscura.

Wanga: Un wanga es un amuleto o fetiche que incorpora elementos rituales como hierbas, huesos y otros objetos simbólicos, preparados para un fin específico, que puede ser benéfico o maléfico, según la intención del practicante. El término "wanga" también se refiere de forma más amplia a una variedad de trabajos mágicos.

Vevés: Los vevés son símbolos sagrados del vudú haitiano, similares a los puntos tachados de la Kimbanda. Cada vevé corresponde a un loa específico y se dibuja en el suelo durante las ceremonias para invocar u honrar a estas entidades espirituales. Fabricados con materiales como harina, ceniza o polvo, los vevés actúan como portales que unen el mundo espiritual con el físico, facilitando la comunicación y la presencia de los loas en los rituales. Los vevés de los espíritus de la línea Rada (línea blanca) suelen dibujarse con harina blanca, mientras que los de la línea Petro (línea negra) utilizan carbón vegetal, pólvora o ceniza. Cada vevé incorpora símbolos asociados al loa que representa: una cruz para Legba; un corazón para Erzulie, la diosa del amor; una serpiente para Damballah-Wedo, el líder patriarcal; un ataúd para el Barón Samedi, el espíritu de la muerte; entre otros.

Zansèt yo: Los antepasados. Siempre acompañan al vuduista a lo largo de su vida, proporcionándole inspiración y protección.

Z'étoile (La estrella): La z'étoile es una entidad o concepto abstracto que representa el destino de una persona. Actúa como una estrella que guía, influye y orienta la trayectoria vital de cada individuo, determinando los acontecimientos y las direcciones que conforman su existencia.

Zombi: El término "zombi" deriva de "zemi", una palabra de la lengua de los indios arawak, que significa "espíritu". El proceso de zombificación en el vudú consiste en transformar a una persona en "zombi", normalmente mediante prácticas de magia negra y el uso de sustancias psicotrópicas, manteniéndola bajo control mental y físico, sin libertad de voluntad. Aunque los zombis se han popularizado mucho en el cine, hay constancia de casos reales de zombificación. También se cree que un bokor, hechicero vudú, puede crear zombis astrales manipulando el "Ti bon ange", la parte del alma de un difunto.

"Fè nwa pou wè klè."

Es en la oscuridad donde ves la luz

Bibliografía

Wikipedia

Web Archive

MorteSubita.net

"Rituales de Magia Negra" - Asamod Ka

"Voodoo Hoodoo Spellbook" de Denise Alvara

"Vudú, Brujería y Folclore en Haití" - Lucien G. Coachy

"Famous Voodoo Rituals & Spells- A Voodoo Handbook" - H. U Lampe

illuminati-Nehast.com

Visite illuminati-nehast.com para conocer la verdadera enseñanza illuminati, la espiritualidad kemética. Nehast significa "iluminación espiritual" en egipcio.
Visite también cursos de ocultismo en www.macumba-school.net

asamod777@gmail.com

https://www.youtube.com/@asamod777

https://www.instagram.com/asamod777/

https://www.tiktok.com/@macumbaschool

www.occult-books.com

http://www.occultbooks.in

Milton Keynes UK
Ingram Content Group UK Ltd.
UKHW032049231124
451423UK00013B/1212